KB097271

국민이 바뀌어야
정치가 산다

정치와 지식 1

국민이 바뀌어야
정치가 산다

이갑윤·이혜영 공저

A Proposal
for
Political Culture Reform

Kap Yun Lee • Hye Yeong Lee

ORUEM Publishing House
Seoul, Korea
2014

머리말

 십인십색이란 말이 있듯이 사람들의 생각이나 취향
은 각기 다르다. 이렇듯 각기 다른 사람들이 이해관계에 따
라 모여 사는 사회는 언제나 갈등의 소지를 안고 있다. 사회
가 큰 갈등 없이 유지되려면 정치의 역할이 무엇보다 중요하
다. 현재 한국이 해결해야 할 많은 문제점들을 생각해보면,
정치의 중요성이 그 어느 때보다 더하다고 할 수 있다. 그렇
지만 한국정치는 산적한 문제들을 슬기롭게 풀어나감으로써
국민들에게 기쁨을 주기는커녕 오히려 사회의 갈등을 심화
하고 증폭시킴으로써 많은 사람들에게 좌절과 분노만 불러
일으키고 있다. 정치에서 무엇을 기대하겠느냐고 말하는 사

람들이 많은 것이 오늘의 실정이다. 그런 점에서 볼 때 한국 국민들에게 정치란 죽은 것이나 다름없다. 이러한 한국정치의 상황은 정말 큰 문제지만 사실 더 큰 문제점은 앞으로의 전망이다. 한국정치가 과연 좋아질 수 있는지, 또 어떻게 하면 좋아질 수 있는지에 대한 희망이 별로 보이지 않기 때문이다.

대학에서 정치학을 가르치면서 대체 정치학을 어떻게 가르치기에 정치가 이 모양이냐는 비판의 소리를 많이 들어왔다. 가만히 생각해 보면 방법론적 엄격성을 강조한 학문으로서의 정치학을 가르쳤을 뿐 정치의 발전을 위한 현실적이고 구체적인 지식을 제공한 적이 없다는 생각이 들기도 한다. 그런 점에서 이 책은 한국정치의 문제점과 그 문제점의 원인, 그리고 그러한 문제점을 어떻게 해결할 수 있는가를 실제적으로 모색하고 있다.

한국정치의 여러 문제점들 중에 많은 사람들이 가장 심각하다고 지목하는 3가지 문제점들이 있다. 정치인의 낮은 자질, 당리당략으로 대립과 반목만 거듭하는 여야당 간의 관계, 그리고 국민의 지지를 잃어 국정운영을 원활하게 할 수 없는 정부가 바로 그것이다. 이러한 문제점들이 바로 한국정치의 위기를 불러와 한국정치가 제대로 기능을 하지 못하게 하는 것이다. 이러한 한국정치의 3가지 문제점들을 해결하기 위해서는 이러한 문제점들이 어디에서 비롯되었는지를 찾아야 한다. 이 책은 한국정치 문제점의 원인을 국민에게서 찾는다. 한국인들의 높은 정치적 불신, 비합리적인 지역주의 투표성향, 소모적 이념갈등이라는 정치문화적 특성으로 인해 한국정치의 고질적인 3가지 문제가 나타나게 되었다고 보는 것이다.

지나치게 높은 국민의 정치적 불신은 정부의 권위를 손상시키고, 높은 자질의 정치인이 나타나기 어렵게 만든다. 출신지역에 따른 지역주의적 투표성향으로 인해 민주주의에서 선거가 가지는 보상과 처벌이라는 기능은 상실되게 된다. 또한 외교·안보정책을 둘러싼 소모적 이념갈등은 지역갈등과 결합하여, 실제적인 정책적 대안이 될 수 없는 감정 갈등이 선거에서 큰 영향력을 미치게 하고 있다. 즉 한국인들의 높은 정치적 불신, 지역주의적 투표성향, 소모적 이념갈등으로 인해 한국인들은 정당과 후보자를 비합리적으로 지지하고 선택하게 되었으며, 그로 인해 한국정치의 문제점이 나타나고 지속되게 된 것이다. 성년이 된 지 오래인 한국의 민주주의가 좋은 민주주의가 되지 못하고 정부가 식물 정부의 상태에 머무르게 된 것이다. 한국정치 위기의 근본적·인과적 원인을 국민에게서 찾는 것은 권위주의적으로 국민을 비난하기 위해서가 아니다. 이 책에서 한국정치 위기의 근본원인을 국민에게서 찾는 것은 민주주의하에서 국민이 주인이기 때문이다. 즉 정치가 바뀌기 위해서는 주인인 국민이 바뀌어야 하고, 그때에만 비로소 정치권의 변화가 일어날 수 있다고 보기 때문이다. 국민이 자신들이 한국정치 위기의 인과적 원인이라는 것을 자각하고 스스로 변화를 주도할 때에만 비로소 한국정치는 가사상태에서 벗어날 수 있게 될 것이다.

이 책은 정치학을 전공하지는 않지만 정치에 관심이 있는 일반 대학생이나 직장인들을 대상으로 한국정치의 문제가 무엇이고, 그 문제의 원인은 무엇인지를 분석하여 그 해결책을 제시하는 것을 목적으로 한다. 읽기 쉽고 이해하기 쉽게 하기 위해 복잡한 이론이나 통계분석은 꼭 필요한 경우를 제외하고는 생략하였음을 밝힌다. 현 한국의 정치현실에 답답함을 느끼고 정치가 바뀌기 위해서는 우리가 무엇을 왜 어떻게 해야 하는가 고민하는 모두에게 이 책이 도움이 되기를 바란다.

차례

권위의 상실과 식물 정치

권위의 상실과 식물 정치

　한국의 민주주의도 이제 성년이 된 지 오래다. 1987
년 모든 국민이 염원하던 대통령 직선제가 시행된 이래 다섯
번의 정권교체와 2번의 여야당 교체가 있었다. 그럼에도 불
구하고 오늘의 정치 현실은 민주화 당시의 기대와는 거리가
먼 것이 사실이다. 정기적인 선거에서 국민이 직접 선출하는
정부와 국회임에도 불구하고, 국민의 기대와는 다르게 낮은
자질의 정치인들이 당리당략에 의해 투쟁과 대립만 일삼고,
정부는 전문성과 지도력의 부족으로 아무 것도 하지 못하는
불능의 상태가 지속되고 있는 것이 오늘의 현실이다. 왜 우
리나라는 경제의 성공과는 달리 정치는 아직도 이렇게 낮은

수준에 머물러 있는가, 또 어떻게 하면 좀 더 나은 정치를 구현할 수 있는 것인가, 이러한 의문에 대한 답을 이 책은 구하고자 한다.

1. 정치가 문제다

2014년 봄 한국에는 길고도 시끄러운 비상벨 소리가 울렸다. 세월호 사건이라는 그 비상벨은 여러 측면에서 우리 사회의 주의를 촉구하는 경종이었다. 이 사건은 무엇보다도 안전 불감증에 빠진 우리 사회에 대한 경종이었다. 과거 성수대교 붕괴와 삼풍백화점 붕괴사건을 겪었음에도 치유되지 않았던 우리 사회의 안전 불감증이 어떠한 참사를 불러올 수 있는지에 대한 경종이었다. 이 사건은 그 전개 과정에서 우리에게 또 다른 경종을 울려주고 있었다. 그것은 한국정치는 위기에 처해 있으며, 그 위기에 빨리 대처하지 않으면 정말 큰 일이 일어날 수도 있다는 것이었다. 생각해보면 이 사건은 한국정치의 위기에 대해 처음 울린 경종은 아니다. 이전에는 IMF 사태가 있었고, 그 밖에도 소리는 작았지만 무수한 경종들이 울리고 있었던 것이 사실이다.

2014년 4월 16일 제주도로 수학 여행가는 학생들을 가득 실은 대형 여객선 세월호가 진도 앞바다에서 침몰하여 3백 명이 넘는 희생자를 내고 말았다. 과다적재를 위한 무리한 구조변경으로 복원력 회복에 문제가 생긴 선박에 있어 이러한 사고의 위험성은 상존하는 것이었다. 안전 불감증에 대한 책임은 해운회사는 말할 것도 없거니와 형식적 검사로 구조변경을 승인해준 한국선급과 그 감독기관에 있다. 실제 사고가 일어났을 때 승객은 나 몰라라 하고 자신들만 탈출한 선장 이하 승무원들, 구조의 골든타임을 놓쳐버린 해경 등에도 이 참사의 책임이 있다.

해운회사와 승무원, 감독청이 책임지는 것으로 종결되었어야 할 이 사건이 우리 정치의 문제점에 대해 알려주는 경종을 울리게 된 이유는 이 사건의 처리 과정에서 한국정치가 가진 수많은 문제점들이 백일하에 드러났기 때문이다. 이 사건의 처리과정에서 가장 확연히 드러난 것은 정부의 무능, 정치인의 자격미달, 여야 간의 대립, 그리고 그 결과 발생한 정부의 불능과 사회의 분열이었다. 일단 구조신호를 받고 출동한 해경의 대처 미비와 그 상급기관들의 무능력함과 무책임함에서 정부의 일차적인 무능이 드러났었다. 더불어 사건의 책임소재와 특별법을 둘러싼 여야 간 상호 비난과 대립

속에서 정당과 정부, 정치인 그 누구도 문제해결에 필요한 지도력을 가지지 못하고 있다는 사실이 드러났다. 여야는 사태를 해결하기는커녕 장외투쟁과 반목에 빠져들어 민생과 같은 다른 중요 사안들을 뒷전으로 밀리게 하였을 뿐만 아니라 국민을 분열시킴으로써 세월호 사건이 가지는 의미가 변질되게 되었다. 결과적으로 정부는 해야 할 일을 잘하지 못하는 무능이 아니라 해야 할 일을 아무 것도 하지 못하는 불능의 상태에 처하게 되었다. 그동안 지속적으로 나타났던 정부의 무력함과 정치권의 불능이라는 한국정치의 문제점이 세월호 사건을 통해 다시 한 번 나타나게 된 것이다.

어느 사회이건 갈등은 피할 수 없는 현상이다. 돈이나 명예, 권력 등은 누구나 원하는 것이고 그렇기 때문에 모두가 공평하게 나눠 가질 수 있는 성질의 것이 아니다. 이러한 자원이나 가치의 획득을 둘러싼 사회집단 간의 갈등을 조절해 주는 것이 정치의 역할이다. 그러나 언제부터인가 우리 사회에서 정치가 개입할 때마다 갈등이 더 커지고 심화되는 양상이 나타나게 되었다. 정치가 우리 사회에서는 '마이너스의 손' 역할을 해왔다는 것이다. 마이너스의 손이란 손대는 것마다 황금으로 변하는 '마이더스의 손'을 패러디한 말로 손대는 것마다 손해를 보거나 망치는 것을 일컫는 말이다. 세월호 사건에서 나타난 것처럼 정치권이 해결하여야 할 사회적 갈등이, 정치권이 개입하면서 오히려 정치권의 무책임, 무능, 여야 간의 대립갈등으로 인해 국정마비와 사회분열과 같은 더 큰 문제로 확대되게 되는 것이다.

2. 한국정치의 3가지 문제점

민주화 이후 정당과 국회, 정부 등의 정치권에 대해 국민들이 갖는 불만은 다양하지만 크게 3가지로 나누어 볼 수 있다. 그 3가지는 정치인의 낮은 자질, 당리당략에 의한 여야당 간의 대립과 갈등, 그리고 국민의 낮은 지지와 야당의 비협조로 인해 아무 것도 할 수 없는 대통령과 정부다. 이러한 문제들은 사실 어제오늘의 문제가 아닌 민주화 이후 오랫동안 지속되어 온 문제들이다. 이들은 특히 2000년대 이후 현재에 이르기까지 계속 한국정치의 문제점으로 지적되어 왔을 정도로 한국정치에 뿌리를 내린 고질적 문제가 되고 있다.

이러한 한국정치의 고질적 문제점에 대해 우리가 우려하는 이유는 현재 한국정치와 정부가 시급히 해결해야 할 당면 과제가 무척 많기 때문이다. 무엇보다도 좀처럼 회복기미를 보이지 않는 만성적 경기침체, IMF 위기 이후 심화되고 있는 빈부격차와 양극화 문제의 해결이 시급하다. 또 고령화 사회로의 빠른 진입으로 인한 노동인구 및 생산력의 감소, 이와 더불어 증가되는 복지확대에 대한 요구와 재정부담도 해결되어야 할 심각한 문제이다. 북핵 등에 의해 끊임없이 제기되는 안보위협 또한 무시할 수 없다. 이러한 과제들이 성공적으로 해결될 수 있는지의 여부가 지난 10여 년간 선진국의 문턱에서만 머물러 왔던 한국이 제2의 도약을 할 수 있을지를 판가름하게 할 것이다. 이러한 당면 과제들은 그 어느 하나도 쉽게 해결될 수 있는 것은 아니다. 그렇기 때문에 이러한 과제들을 해결하기 위해서 정치권과 정부는 국민을 통합하여 이끌어 갈 수 있는 지도력과 함께 효과적이고 효율적으로 정책을 결정하고 집행할 수 있는 능력을 갖추어야만 한다. 그러나 문제는 정치권과 정부가 이러한 당면과제를 슬기롭게 해결할 능력을 갖춘 주체가 아니라 오히려 해결되어야 할 대상이라는 것이다. 무엇보다도 안타까운 것은 아무 것도 해결할 수 없는 불능정치와 식물국가라는 한국정치의 위기를 해결할 수 있는 뚜렷한 방안이 현시점에서는 잘 보이지도 않는다는 것이다.

3. 정치 때리기와 권위의 상실

　　이번의 세월호 사건에서처럼 정치권과 정부의 무책임과 무능이 드러날 때마다 국민은 이러한 정당과 정부에 대해 정치 비판, 즉 정치 때리기를 하게 된다. 당연한 반응이기는 하지만 이러한 정치 때리기가 일상적 습관이 되고 그 정도가 지나칠 때 정당과 정부는 권위를 상실하게 된다. 권위란 우리 사회에서 매우 소중한 자원이다. 어떤 사람의 행위를 변화시킬 수 있는 힘을 우리는 보통 권력이라 부른다. 국가가 권력을 가지고 있으므로 국민은 내기 싫어도 세금을 내고, 가기 싫어도 군대에 간다. 만약 누군가가 일부러 납세 거부를 한다면 이 사람에게 처벌을 하고 향후 그가 세금을 꼬박꼬박 납부하게 하기 위해 국가는 법적, 물리적 힘을 사용해야 한다.

　　권력을 행사하기 위해서 법적이고 물리적인 힘만이 필수인 것은 아니다. 권위가 있으면 처벌과 보상이 없어도 국민들이 자발적으로 권력의 행사를 수용하게 된다. 국가의 세금 부과의 정당성을 인정하기에 대부분의 국민들은 자발적으로 세금을 내는 것이다. 만약 국가의 권위를 인정하지 않는 사람들이 많다면 정부는 이들의 행위를 통제하기 위한 보상과 처벌에 막대한 자원을 사용해야 할 뿐 아니라 궁극적으로는 그들을 통제할 수 없는 상태에 처하게 된다.

다른 정치체제와는 달리 민주주의하에서는 국민이 직접 선출한 대통령이나 국회의원과 같은 대의원들에 의해 정부가 구성된다는 점에서 정치권력은 국민의 자발적인 동의에서 나온다고 할 수 있다. 그렇기 때문에 정부나 정치권의 권위를 국민이 인정하지 않으면 국정수행이 제대로 안 되는 정치부재의 현상이 일어나게 된다. 결국 정부는 아무 일도 하지 못하게 되고 그 결과로 일어나는 사회적 혼란은 온전히 일반 국민들이 감내해야 하는 것이다.

1997년 한국을 강타했던 IMF 경제위기에서 우리는 권위의 부재가 어떻게 위기를 증폭시키는지를 볼 수 있다. 1990년 대 외국투자붐을 맞고 있던 동아시아 국가들에게서 1997년 해외투자자들이 급격하게 자금회수를 함으로써 동아시아권에 외환위기가 발생했다. 1996년 말 OECD에 가입했던 한국 역시 이러한 동아시아 경제위기를 비켜가지 못하고 건국이후 최대의 경제위기를 맞게 되었다. 섣부른 자본 자유화, 비도덕적인 국제 투기자본의 행태, 재벌의 도덕적 해이, 정경유착 등 다양한 정치경제적 요인들이 그 원인으로 지적되지만 많은 사람들이 공통적으로 말하는 것은 위기에 대한 정부의 초기대응 실패가 큰 화를 불렀다는 것이다. 1996년 말

◑ 권위와 권위주의

정당한 권력인 권위(authority)와 권위주의(authoritarianism)는 별개의 것이다. 권력(power)이 자신이 원하는 것을 다른 사람으로 하여금 하도록 강제하는 능력이라고 말한다면, 권위는 강제하지 않고도 다른 사람들로 하여금 자발적으로 순종하게 만드는 능력이다. 따라서 권력이 정당할 때, 권위가 된다.

그러나 권위주의는 권위에 의한 지배가 아니라는 점에서 권위와 구별되어야 한다. 권위주의란 민주주의와 대비되는 말로서 권력이 독재자와 같은 특정한 개인이나 군부와 같은 특정한 집단에 집중되어 있으며, 개인의 자유와 기본권, 특히 정치활동에 있어서의 정당과 사회 집단의 자율성이 보장되지 않는 체제를 말한다. 그렇기 때문에 권위주의를 청산하는 것과 권위를 인정하지 않는 것은 크게 다르다. 권위의 자발적인 수용이 이루어지지 않을 경우 오히려 권위주의가 발생하기 쉬울 정도로 권위와 권위주의는 반대 개념이다.

노동법의 날치기 통과 이후 이미 하락하기 시작했던 김영삼 대통령에 대한 지지율은 차남 김현철의 부적절한 처신과 한보, 기아 사태 등의 발생으로 급락하여 정부의 지도력은 치명적인 타격을 입게 되었다. 그 때문에 외환 위기가 발생했을 때 정부는 아무 일도 할 수 없었으며 결국 위기 해결은 그 다음 정권인 김대중 정부에 의해 계획되고 실행될 수밖에 없게 되었다. 외환 유동성 위기가 IMF 경제위기라는 파국으로 치닫게 되었던 또 하나의 책임은 당시 갈등과 대립 속에서 아무 것도 하지 못했던 정당과 국회에 있다. 이러한 정치권의 권위의 상실과 불능 국가가 호미로 막을 수 있었던 위기를 가래로도 막을 수 없게 확대시켜 놓은 것이다.

4. 헛된 구호에 그치는 정치개혁

세월호 사건이 일어나자 정부에서 가장 먼저 들고 나온 것이 정치개혁이었다. 그렇지만 이 정치개혁에 큰 기대를 거는 사람은 찾아보기가 어렵다. 정치에 문제가 생겨서 국민들이 정치 때리기를 할 때마다 정부와 정치권이 들고 나오는 것이 정치개혁이기 때문이다. 민주화 이후 정치 개혁을 언급하지 않은 정부가 없어서, 이제는 정치개혁이란 말을 들어도 아무런 감흥이 없게 되었다. 개혁을 한다고 해봤자 아무런 성과 없는 그 밥에 그 나물일 것이기 때문이다. 심지어는 개혁을 하자는 사람들부터 개혁해야 한다고 하는 비아냥거림도 있다. 개혁의 구호는 요란한데 그 성과가 없는 것은 무엇 때문일까? 현 상황을 보고 있으면 정치인들이 개혁을 하겠다고 나서는 상황이 마치 중이 제 머리 깎겠다고 하는 상황과 같다는 느낌이 든다.

중이 제 머리를 못 깎는다는 속담처럼 정치인도 스스로는 정치권의 개혁을 할 수가 없다. 유연한 팔과 다면 거울, 그리고 솜씨가 있다면 중도 제 머리를 깎을 수 있을 지도 모른다. 하지만 그런 노하우를 모른다면 중은 제 머리를 깎지 못한다. 정치인도 마찬가지이다. 개혁이란 어려운 과제를 어떻게 수행해나가야 할지를 모르기 때문에 개혁의 성과가 없을 수 있다는 것이다. 진정으로 개혁을 원하는 정치인이라 할지라도 무엇을 어떻게 왜 해야 하는지 모른다면, 개혁이 이루어지지 못함은 두말할 나위가 없다. 개혁을 어떻게 해야 하는지 몰라 개혁을 못한 정치인의 대표적인 예로 안철수를 들 수 있을 것이다. 그는 새 정치를 주장하며 선풍적인 인기와 함께 정치권에 등장했지만 지금의 결과는 무척 실망스러울 뿐이다. 그의 서투른 행보를 보면 과연 그가 무엇을 해야 할지 알고 있는지 의문이 들 정도였다. 그가 제시한 개혁안 중에는 국회의원수의 감소와 기초단체장 정당공천배제 외에는 별 내용이 없었고 그렇기 때문에 인기의 하락은 예정된 것이라 할 수 있다.

사실 중이 제 머리를 깎지 않는 데는 또 다른 이유가 있을
수 있다. 물론 스스로 자기 머리를 깎는 것도 어렵겠지만,
어쩌면 제 머리를 깎는 것이 싫어서 개혁을 실행에 옮기지
않을 수도 있다. 예를 들어, 지역감정에 호소해서 당선된 국
회의원이 다음 선거에서 지역감정에 호소하는 전략을 버릴
리는 만무하다. 만약 이 정치인이 지역주의를 버리고 그 결
과로 선거에서 패배한다면 이러한 사람들은 정치권에서 사
라지게 될 것이고 결국 정치권에는 지역주의를 이용하는 사
람들만 남게 될 것이다. 다시 말해 유권자에게 지역주의적
호소가 효과를 발휘하는 한 지역주의는 정치권에서 사라지
지 않게 된다. 이 경우 정치권을 변화시키기 위해서는 다른
사람들, 즉 국민이 나서서 변화를 유도해야 한다.

5. 정치개혁과 정치학자의 역할

성과 없이 헛된 구호에 그치고 만다 하더라도 정치
개혁을 포기해서는 안 된다. 왜냐하면 정치개혁이 성공해야
할 필요성은 점점 더 절실해지고 있기 때문이다. 정치개혁을

성공적으로 이끌려면 주먹구구식 정치개혁으로는 곤란하다. 앞서 세월호 사건으로 해경에 대한 국민의 비난이 들끓었을 때, 정부에서 내놓은 개혁안 중의 하나가 해경의 해체였다. 당시 사건의 전모가 밝혀지지도 않았고 구조나 인양 등의 문제가 종료되지도 않은 상태에서 내놓은 해경의 해체안은 어떤 결과를 가져올지 충분하게 고려하지 않고 내놓은 개혁안으로밖에는 보이지 않았다.

비슷한 예로 부패하고 무능한 국회의원들을 처벌하기 위해 제기된 국회의원 수와 예산의 축소안을 들 수 있다. 국회의원들이 누리는 돈과 권력과 같은 보상을 줄인다면 현직국회의원들에게는 변화의 계기가 될 수 있다. 그러나 이는 앞으로 국회의원이 되고자 하는 사람들의 수와 질을 낮추는 결과를 가져오게 될 것이며 결과적으로 국회의원들의 질은 현재보다 더 저하되고 말 것이다.

이러한 예에서 볼 수 있듯 정치개혁이란 즉흥적이거나 감성적이 아니라 과학적으로 접근해야 하는 과제이다. 다시 말해 먼저 문제가 무엇인지 파악한 후에 그 문제의 원인과 결과를 밝히고 해결방법을 논리적이고 경험적인 토대에 의거하여 제시해야 된다.

그렇다면 이러한 논리적일뿐더러 경험적 토대를 지닌 정치개혁의 방법은 어디서 배울 수 있는 것일까? 개혁과제를 과학적으로 이해하는 데 가장 큰 도움을 줄 수 있는 사람들은 아마도 정치에 대해 가장 많이 알고 있는 사람들인 정치학자들일 것이다. 오랜 기간 이론에 입각해서 정치 현상을 분석해 온 정치학자들이 개혁을 위해 무엇을 어떻게 왜 해야 하는지에 대해 국민과 정치권에 조언을 하는 것이 가장 타당해 보인다. 그렇지만 현상을 분석하고 처방을 내릴 이론과 경험적인 증거를 가지고 있음에도 불구하고 대부분의 정치학자들이 실제 정치에 관여하기를 거부해온 것이 사실이다. 그렇기 때문에 때로는 정치학과 정치학자들은 한국정치의 발전을 위해 아무 것도 하지 않았다는 비판을 받기도 한다.

사실 많은 정치학자들은 정치문제에 대한 해결책을 내놓는 자체가 과학적 중립성에 위배된다고 생각한다. 해결책을 내놓는 과정에서 필연적으로 특정 정당이나 정부에 대해 편파성을 가지게 된다고 생각하기 때문에, 이들 학자들은 아예 정치문제에 개입을 하지 않으려고 한다. 그러나 정치학자가 개혁과 같은 정치적 문제에 대해 경험적 기반에 의거해 논리적 해결책을 제시해 주는 것과 정치학자가 국회의원이나 정부의 고위관료로서 직접 정치에 참여하는 것과는 구별되어야 한다. 물론 그 경계가 모호할 때가 있겠지만, 전자는 학자로서의 활동이고 후자는 정치인으로서의 활동이다.

정치학자들이 실제 정치문제의 해결에 필요한 지식을 제

공해주지 못하는 또 하나의 이유는 현대 정치학이 방법론적 엄격성을 강조하고 있기 때문이다. 경제학에 비해 비교적 과학화가 늦었던 정치학에서 과학화를 이루기 위해 지금도 강조하고 있는 것이 가설 검증과정에서의 방법론적 엄격성이다. 그렇기 때문에 경험적으로 검증될 수 없거나 검증하기 어려운 과제는 연구대상에서 제외되어 왔다. 그 결과 정치연구는 투표나 여론과 같이 계량적인 방법으로 쉽게 통제하고 검증할 수 있는 미시적인 문제들만을 다루게 되었다. 그 반대로 정치개혁과 같이 양으로 표시할 수 없고 검증과정이 용이하지 않은 거시적인 정치 문제를 분석하는 것은 상대적으로 등한시 되었다.

6. 정치학의 사회적 사명과 이 책의 목적

정치학의 사회적 사명이란 사회발전을 위한 지식을 제공하는 데 있다. 다시 말해, 경험적 정치현상의 인과 관계를 보편적 이론에 의해 설명함으로써 좋은 정치를 위한 필요 지식을 제공하는 것이다. 그러기 위해서는 필연적으로 연구자의 중립성과 연구방법의 엄격성은 어느 정도 훼손될 수밖에 없다.

연구자의 중립성과 연구방법의 엄격성을 고집함으로 인해 기존 정치학은 현실적 효용성을 갖추지 못하고 있다. 그러한 기존 정치학의 한계에 대한 반성에서 이 책은 출발한다. 정치위기 극복을 위해 무엇이 문제이고, 그 원인이 무엇이며, 그 결과로 오는 폐해는 어떻게 극복될 수 있는가에 대한 지식을 과학적인 중립성과 엄격성에 크게 위배되지 않는 범위 내에서 제공하는 것이 바로 이 책의 목적이다.

이 책은 기존의 정치개혁의 주장과는 다른 입장에 서 있다. 기존에는 정치개혁이 정치권과 정당에 의해 이루어지는 것으로 보았으므로, 그들은 정치권과 정당이 어떻게 바뀌어야 하는가에 주목했다. 그러나 이 책은 정치인의 낮은 자질, 당리당략에 따른 여야당 간의 대립과 갈등, 그리고 무력한 정부와 같은 한국정치의 문제는 국민이 변화함으로써 해결되어야 한다는 입장을 택하고 있다. 그 이유는 정부와 정당을 변화시키는 궁극적인 계기는 국민이 이들의 변화를 유도할 때 생겨나기 때문이다. 민주주의하에서 정치인은 권력획득을 위해 국민의 지지를 극대화하려고 하기 때문에 그의 행동은 궁극적으로 국민에 의해 지배를 받게 된다. 그렇기 때문에 한국정치의 문제를 초래하는 원인이자 또 그것을 해결할 수 있는 방편은 바로 정치인의 행동을 변화시킬 수 있는 국민의 지지에 있다.

구체적으로 한국정치의 문제를 초래하는 원인이 무엇인지 알기 위해서는 국민의 지지가 어떠한 정치적 정향과 태도에 의해 결정되는지가 먼저 과학적으로 분석되어야 한다. 한국정치의 문제를 해결하는 방편 또한 국민의 정향과 태도 변화에서 찾아야 한다. 정당과 정부에 대한 정치적 지지를 결정하게 하는 국민의 정향을 합리적으로 변화하게 함으로써 정치개혁을 가능하게 하는 것이 이 책의 궁극적인 목적이라 하겠다.

7. 이 책의 구성

다음 장인 2장에서 우리는 한국정치 위기의 근본 원인이 어디에 있는지 살펴본다. 한국이 선거를 통해 정부가 구성되는 민주주의 국가라는 점에는 큰 이견이 있을 수 없다. 하지만 좋은 민주주의가 이루어질 수 있는 정치제도적, 사회경제적 조건이 상당 부분 갖추어졌음에도 불구하고 한국의 정치가 위기상황에 빠져있는 것은 결국 국민의 정치적인 태도와 정향의 집합인 정치문화에 그 원인이 있다고 하겠다. 그러므로 2장에서는 정치개혁을 하려면 국민의 정치문화가 변해야 한다는 것을 설명한다.

특히 주목되는 것은 정당과 정부에 대한 국민의 지지를 결정하는 요인이다. 왜냐하면 민주주의하에서 국민의 지지는 정당과 정치인들의 권력의 크기를 결정하기 때문에 국민의 지지가 어떻게 결정되느냐에 따라 정당과 정부는 자신들의 행위를 선택하기 때문이다.

3, 4, 5장에서는 한국정치의 위기를 초래하는 3가지 비합리적 요인, 즉 한국인의 비정상적으로 높은 정치적 불신감, 지역주의적 투표성향 및 소모적 이념갈등에 대해 그 양상, 원인, 폐해 및 대책을 알아본다. 이 3가지 요인들이 바로 선거에서 한국인들로 하여금 비합리적으로 정당이나 후보자를 지지하게 만드는 요인들이다.

3장에서는 한국인들이 정치에 대해, 특히 정당, 정부, 국회에 대해 가지는 비정상적으로 높은 불신감에 대해 분석한다. 정치불신감의 가장 큰 문제점은 그로 인해 정치인의 권력이 축소되어 정책집행이 어려워지기 때문에 정치 부재의 현상이 나타나게 된다는 것이다. 또한 정치 때리기의 결과 정당 간에 지나친 대립과 반목이 생기며, 국민의 신인선호로 인해 경험부족의 정치인이 선출되고 이들의 무능으로 또 다시 정치인에 대한 불신이 높아지는 악순환이 이어지게 된다. 한국인의 지나치게 높은 정치불신감 문제가 해결되려면 궁극적으로는 사회 내 신뢰가 회복되어야 하므로 이를 위한 장기적 노력이 필요하다. 단기적 과제로는 무정치의 폐해가 정치의 폐해보다 더 클 수 있으므로, 정치인이 정치를 할 수 있게 최소한의 지지를 보내는 것이 필요하다. 그러기 위해서는 정치에 대한 무조건적인 냉소주의는 지양해야 할 것이다.

4장에서는 한국정치 위기의 또 다른 원인으로 지적되는 비합리적 지역주의를 분석한다. 1987년 민주화 이후 한국선거와 정당정치에 폭발적으로 등장한 지역주의로 인해 개인의 출신지역이 후보자 및 정당 선택에 절대적 영향을 미치는 요인이 되었다. 한국에서 지역주의는 이미 개인의 정당일체감과 같은 당파성까지 결정할 정도로 중요한 중심정향이 되었으며 이로 인해, 투표, 정당지지 및 모든 정치적 이슈에 대해 개인은 출신지역과 결합한 정당의 입장을 따르게 되었다. 지역주의하에서는 정당과 정부에 대한 지지가 정책의 내용이나 성공여부가 아닌 지역에 의해 결정되므로, 선거의 민주적 통제기능이 상실될 뿐 아니라 정당정치의 파행이 일어나게 된다. 또 지역주의가 너무 우세한 결과, 우리나라가 안고 있는 여타의 갈등요소가 적시(適時)에 표출되지 못하는 등의 폐해가 발생한다. 지역주의가 공고해지면 민주주의의 핵심인 선거가 제 기능을 잃는다는 것을 국민들이 인식하고, 정당과 후보자의 정책과 정책능력을 객관적으로 평가하여 자신 또는 국가에 이익이 되는 투표결정을 하는 것이 필요하겠다.

5장에서 분석되는 한국의 이념갈등은 본래 정권에 대한 지지나 선거에서의 승리를 획득하기 위해 정치인들에 의해 만들어진 균열로 시작됐지만 오늘에 와서는 주요한 선거균열의 한 축이 되었다. 그러나 우리의 이념갈등의 가장 핵심적인 분야인 한미관계나 남북한관계를 둘러싼 갈등은 정책으로서의 효용성을 가지지 못한 소모적 갈등에 불과할 뿐이다. 이념갈등의 폐해를 막기 위해서는 정당과 정치인을 평가할 때 그 기준을 소모적 이념갈등에서 그들이 취하는 태도가 아니라, 성장과 복지와 같이 정책적 효용성을 가진 이념문제를 어떤 정당 및 후보자가 더 잘 해결해 나갈 수 있는가에 두어야 할 것이다. 우리나라 정치의 기조 또한 옳고 그름을 가르는 가치논쟁에서 효율성이나 효과성을 비교하는 현실적 기준으로 바뀌어야 할 것이다.

6장에서는 한국정치의 고질적 문제로 지적된 3가지 문제들이 한국에만 존재하는 문제가 아니라는 점을 설명한다. 이들은 사실상 민주주의의 본질에서 오는 문제이기 때문에 다른 민주주의 국가에서도 흔히 찾아볼 수 있는 문제들이다. 권력도 작고 존경도 받지 못하는 정치인이란 직업은 도덕적이며 전문성이 높은 사람들에게 그렇게까지 매력적인 직업은 되지 못한다. 권력을 한 쪽이 얻으면 다른 쪽이 잃는 제로섬적인 정당관계에서 협력과 타협은 성숙한 민주주의가 되기 전에는 쉽게 찾아볼 수 없으며, 민주주의가 원래 국민의 자유와 기본권을 보호하기 위해 정부를 약하게 만들었기 때문에 정부의 무능은 끊임없이 제기되고 또 해결하기 어려운 문제다.

7장에서는 우리 정치의 문제점을 바꾸기 위해 무엇을 해야 하며, 어떠한 개혁의 각오와 자세를 가져야 할지 설명한다. 한국정치가 위기상황에 이르게 된 것은 상황이 그렇게 되기까지 방치한 인과적 원인이 한국인들에게 있기 때문이다. 국민이 변화하지 않는 한 참된 개혁을 이룰 수 없기 때문에 이러한 개혁을 하는 주체는 국민이어야 한다. 그러므로 국민들이 개혁이 왜 필요한지, 또 어떻게 하면 개혁에 성공할 수 있을지에 대한 인식과 확신을 가지는 것이 개혁에서 가장 어려운 과제이다. 이를 위해 국민들은 정치인의 자질문제, 정당 간의 지나친 대립과 갈등, 정부의 무능이라는 한국정치의 위기를 가져오는 원인이 바로 국민들 자신의 지나치게 높은 정치적인 불신감이나 비합리적인 지역주의, 그리고 소모적인 이념갈등이라는 사실을 자각해야 한다. 그리고 이러한 정치 정향을 바꾸기 위하여 꾸준한 변화의 노력을 기울여야 할 것이다.

장기적으로 볼 때 이러한 불신감, 지역주의, 이념갈등은 줄어들 것으로 예상되며, 실제 이들이 변화하고 있다는 긍정적 신호가 보이기도 한다. 그렇지만 이러한 개혁의 노력을 하는 것은 우리가 역사를 앞당겨 우리 앞에 있는 정치의 위기를 극복하고 우리나라를 한 단계 높이기 위함이다.

국민이 원인이다

제2장

국민이 원인이다

한국정치 위기의 원인으로 지적되는 3가지 문제점들, 즉 정치인의 낮은 자질, 반목과 대립만 하는 여야당, 낮은 지지율로 인해 불능상태에 빠진 정부는 정치권이 바뀌면 해결될 문제라고 생각하기 쉽다. 정당이 자질이 높은 사람을 공천하여 선출하고, 여당과 야당이 협력하여 국민의 의사를 정책으로 전환하게 되면, 정부는 원활한 국정운영을 할 수 있을 것이고, 그로 인해 정치위기는 극복되고 정치선진화가 이루어지리라 생각되기 때문이다.

그러나 현재 한국의 상황에서 이렇게 정치권이 변화한다는 것이 과연 가능한 일인가? 가능하다고 본다면 그것은 문제의 근원을 보지 못하고 정당과 정치인을 움직이는 기제가 무엇인지 알지 못하기 때문이다. 실제 한국정치의 문제점은 그 원인이 국민에게 있다. 국민이 변하지 않으면 정치권도 변하지 않을 것이고, 결국 한국정치가 변하지 않을 것이기 때문이다. 그렇다면 민주주의하에서 국민이 왜 정치변화의 원인이 되는가를 살펴보기 위해 한국에서 일어났던 민주주의 투쟁의 역사부터 살펴보도록 하자.

1. 민주주의를 위한 국민들의 투쟁

현재의 한국 민주주의가 완전하다고 할 수는 없지만 한국을 민주주의 국가로 분류하는 데 있어서는 큰 이견이 있을 수 없다. 정부가 무능하고 정치인의 자질이 낮다 하더라도 적어도 정기적으로 시행되는 민주적 선거를 통해 정부가 구성되고 있기 때문이다. 이러한 선거민주주의를 얻기 위해서 한국의 학생과 시민들은 많은 희생을 치러야만 했다.

단두대가 쉴 새 없이 작동되었던 1789년의 프랑스 대혁명이나, 17세기 찰스 1세의 처형을 가져온 청교도 혁명, 그리고 명예혁명을 겪은 후에야 가능했던 영국의 입헌군주제 수립 등의 역사와 견주어보면 우리나라는 쉽고 빠르게 민주주의를 이루었다고 여겨질 수도 있다. 그러나 민주화를 위해 이들 국가들이 겪었던 오랜 투쟁의 역사를 우리나라는 단기간에 축약된 상태로 겪어야 했기 때문에 그 투쟁의 강도가 이들 나라에 비해 덜하였다고 할 수는 없다. 게다가 민주주의는 우리 땅에서 자생적으로 발생한 것도 아니고 도입된 것이었기에 우리의 투쟁은 더 어려웠을 수도 있다.

민주주의를 위한 시민의 투쟁은 4.19 혁명부터 시작되었다고 볼 수 있다. 당시 한국은 민주주의 제도와 운영절차는 구비하고 있었지만, 민주주의가 실현되고 있었다고 말하기는 어려웠다. 영구집권을 목적으로 반민주적 국정운영을 하던 이승만 정권의 1960년 3월 부정선거가 도화선이 되어 많은 학생들이 정권퇴진을 외치며 거리를 메웠고 시민도 이에 가담하면서 4.19 혁명이 일어나게 되었다.

4.19 혁명 이후 민주적 선거가 실시되어 장면 정부가 출범하였으나, 정치혼란과 무질서를 틈타 1961년 5.16 군사정변이 일어나게 되었다. 그 이후, 약 26년 동안 한국은 군부통치를 받게 되었다. 괄목할 만한 경제성장으로 군부독재가 그 정당성을 어느 정도 인정받았으나 시민과 학생의 민주화 요구 또한 거세어졌다. 박정희 정권은 유신헌법으로 장기집권

을 도모하였으며 시민과 학생의 유신체제 반대 운동은 부마항쟁을 거치며 박정희 대통령의 죽음을 가져온다. 이후 서울의 봄 기간 동안 기대되었던 민주화는 전두환 등이 이끄는 신군부 세력에 의한 또 하나의 군사정부 수립으로 인해 끝내 이루어지지 못하게 되었다. 이 과정에서 광주민주화항쟁이 발생했고 이는 1987년 6월 민주화항쟁으로 이어져 대통령 직선제를 골자로 하는 민주주의를 이룩하게 되었다. 민주주의의 핵심인 민주적인 선거 절차를 도입했으며 앞으로의 어떤 정부도 민주적인 선거를 통해서 구성되어야 한다는 원칙을 확립하였다는 점에서 1987년은 그야말로 한국의 정치발전에 있어서 큰 분기점이 되었다고 할 수 있다.

많은 희생을 통해 달성된 민주화 이후 거의 30년에 가까운 시간이 흘렀으나, 지난 시간을 돌아보면 과연 우리가 기대했던 대로의 정치 발전이 이루어졌는지 의문을 가지지 않을 수 없다. 사실 현재의 한국 민주주의는 결코 만족할 수준이라고는 할 수 없다. 특히 2000년대에 들어와서 정치권과 정부의 권위가 상실되고 정치는 실종되어 국가가 위기에 처하게 되었다는 사실을 부정하기는 매우 어렵다. 독재자라고 비판받던 박정희 대통령이 역대 대통령 중 국민으로부터 가장 존경받는 대통령이라는 사실은 민주화의 역설을 잘 보여준다 하겠다. 민주화 이후 정치위기의 주범으로 정치인의 낮은 자질, 여당과 야당의 지나친 갈등과 반목, 정부의 무능 등이 지적되어 왔다. 민주주의 아래에서 왜 이러한 문제들이 발생하는가를 알기 위해서는 먼저 민주주의가 어떻게 작동하는지 그 원리를 살펴보아야 할 것이다.

2. 민주주의의 작동 원리

　　먼저 민주주의가 무엇인지 그 개념을 정의해볼 필요가 있다. 사실 민주주의는 하나로 정의될 수 있는 것이 아니다. 제도적 원리, 가치, 그리고 과정 등의 기준에 따라 민주주의는 다르게 정의될 수 있기 때문이다.

　먼저 제도적 원리를 기준으로 할 때 민주주의는 입법기관, 행정기관, 사법기관 간 권력의 견제와 균형을 이루는 삼권분립제, 국민이 선출하는 대의원에 의해 정책을 결정하고 집행하게 하는 대의제 등의 제도로 규정할 수 있다. 다음으로 가치에 따라서는 개인의 자유와 기본권, 기회의 균등, 사회적 평등과 복지와 같은 민주주의가 추구하는 가치 등으로 민주주의를 규정하기도 한다. 그러나 대부분의 정치학자들은 민주주의를 선거를 통해 정부가 구성되는 정치과정으로 정의하고 있다.

이들이 선거를 민주주의의 본질로 규정하는 이유는 자유롭고 공정한 선거에서 2개 이상의 정당이 승리하기 위해 지지를 극대화하려고 경쟁하는 중에 궁극적으로 국민의 요구나 기대가 정부정책으로 전이된다고 생각하기 때문이다. 국민의 지지를 얻기 위해서 정당은 국민의 기대와 요구를 충족시켜야 하고, 이러한 지지극대화를 위한 정당의 경쟁 속에 결국 국민의 기대와 요구가 정부에 의해 충족된다고 본다. 자유민주주의자는 개인의 자유와 기본권은 반드시 보장되어야 한다고 규정하고, 사회민주주의자는 사회경제적 평등과 복지를 민주주의의 요건으로 규정하지만, 과정적 민주주의자는 그것이 어떠한 것이 되었건 국민이 원하는 가치나 제도를 추구하는 체제가 바로 민주주의라 규정한다. 과정적 민주주의는 국민이 자유와 기본권을 원할 경우에는 정부가 자유와 기본권을 보장하고, 국민이 사회경제적 평등과 복지를 원할 때는 평등과 복지를 제공할 것이기 때문에 결국 국민이 직접 지배하는 것과 같은 효과를 가져 오게 된다.

국민의 의사가 실제로 정부정책으로 반영되기 위해 우리가 필요로 하는 것은 두 가지뿐이다. 하나는 권력획득을 목적으로 하는 정당 간의 경쟁이고 다른 하나는 국민들의 참여다. 이익을 극대화하려는 개인들의 이기심이 시장의 보이지 않는 손을 통해 조율되듯이 정당 간의 경쟁은 정치에서의 보이지 않는 손처럼 작용한다. 즉 정당의 경쟁을 통해 국민의 의사는 정책이 되는 것이다. 시장의 보이지 않는 손이 있기에 국가의 간섭이 필요 없듯이, 국민이 원하는 바가 정책으로 실현되기 위해서는 국민이 합리적인 선택을 통해 정당이나 후보자 간에 투표를 하면 되는 것이다. 현대의 민주주의 하에서는 플라톤이 말하는 철학자 왕도, 또 국민을 신천지로 이끌 선지적 지도자도 필요하지 않다. 필요한 것은 국민의 지지를 통해 자신의 권력을 획득하려는 이기적인 정치인들이다.

정당들은 국민의 지지를 극대화하기 원하므로, 정당이 내놓는 공약은 국민들의 입맛에 맞는 공약이 되는 것이 당연하다. 국민들이 판을 벌여 '덩 기덕 쿵더러러러'하고 굿거리장단을 치고 있을 때 발레나 현대무용을 할 정치인은 없을 것이다. 국민이 치는 장단이 어떤 것이냐에 따라 정치인이 추는 춤의 종류가 달라지는 것이다.

즉 국민이 대리인을 선출할 때 국민들이 왜 그들을 선택하느냐에 따라 그 대리인의 행동은 달라진다. 주주총회에서 기업의 경영진을 선출할 때, 학연, 지연, 혈연으로 선출되는 경영진과 이윤의 극대화를 위해 선출되는 경영진은 같을 수 없다. 만약 같은 경영진이 선출된다고 하더라도 전자의 경우에는 선출 후 학연, 지연, 혈연을 통해 주주의 지지를 얻으려고 하는 반면 후자의 경우에는 이윤을 극대화하여 지지를 얻으려고 할 것이다. 그러므로 국민 지지의 극대화를 원하는 정당과 정치인의 행태를 결정짓는 궁극적인 요인은 국민의 지지가 어떻게 결정되는가 하는 문제이다.

국민의 선택에 의해 정부가 구성된다고 해서 모든 국민이 그 정부를 지지하는 것은 결코 아니다. 국민의 의사는 다양하고 때로는 서로 모순되기 때문에 모든 사람의 의사를 만족시킬 수 있는 정책은 없다고 할 수 있다. 결국 국민의 의사란 다수의 의사다. 정당들이 자신들의 권력을 극대화하기 위해 더 많은 지지를 얻으려고 노력하는 과정에서 다수가 선택하는 정부가 구성되고 또 그들이 지지하는 정책이 결정되고 집행되게 된다.

예를 들어, 국민의 1/3은 경기부양을 위해 세금을 줄여주기를 원하고, 또 1/3은 세금을 현재 수준으로 유지하기를 원하는 반면 나머지 1/3은 복지 확대를 위해 세금을 증가시키기를 원한다고 가정해 보자. 이 경우 세 가지 대안 중 어떤 대안도 국민의 과반수의 지지를 받지는 못한다. 그러나 양당제하에서 지지를 극대화하려고 하는 정당이라고 한다면 세금을 현재대로 유지하자고 제안할 것이다. 〈그림 2-1〉에서 보는 것처럼 경쟁하는 대안이 두 개로 좁혀질 때 세금을 현재 수준으로 유지하자는 대안은 감세하자는 대안보다 2 대 1의 비율로 더 많은 사람의 지지를 받을 것이다. 마찬가지로 유지하자는 대안이 증세하자는 대안과 대결할 때 역시 2 대 1의 비율로 더 많은 사람의 지지를 받을 것이다. 정당의 수가 셋 이상 있는 다당제하에서 두 정당 이상이 과반수 정책연합을 결성하는 경우에도 마찬가지이다. 왜냐하면 과반수 정당 연합이 합의하는 정책 대안은 세금을 현재 수준으로 유

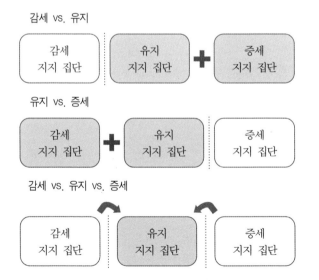

〈그림 2-1〉 **증세·감세 논쟁을 통해 본 국민의사의 결정과정**

지하는 대안이 될 것이기 때문이다. 결국 〈그림 2-1〉에서처럼 국민으로부터 최대한의 지지를 이끌어 내기 위해서는 세금을 유지하게 될 것이고 이것이 바로 국민의 의사라고 할 수 있다.

솔직히 민주주의를 최선의 정치체제라고 부르기는 어렵다. 민주주의하에서 모든 국민이 평등하다고는 하지만, 엘리트가 지나치게 큰 권력을 행사할 때도 많고 대부분의 국민이 자신의 이익보다는 감정이나 습관에 따라 대표자를 선택하는 것도 사실이다. 또 다수의 횡포에 따라 소수자 집단이 정치권력에서 소외될 수도 있다.

실제 국가의 정책을 결정하는 것은 소수의 정치엘리트이다. 경제계와 정치권이 유착되어 있고 소수의 사회권력층이 큰 영향력을 행사하는 사회에서 생업에 바쁜 평범한 국민이 할 수 있는 것은 기껏해야 투표뿐이다. 선거 때마저도 평범한 국민은 합리적인 투표를 하기가 어렵다. 누가 어떤 공약을 내세웠는지 알아볼 시간이나 관심이 부족하여 대부분 정당일체감과 같은 습관에 따라 투표하는 경우가 많기 때문이다. 또 돈과 표와 같은 정치적인 자원이 부족한 소수자 집단의 이익은 정당과 대의원에 의해 외면되고 있기도 하다. 이처럼 민주주의 체제는 정치권력이 불평등하게 배분되어 있고, 대중이 비합리적이며 정의롭지도 못한 것이 사실이다.

그러나 민주주의가 최선의 체제가 아니라고 해서 민주주의보다 더 나은 대안적인 체제가 존재하는 것은 아니다. 정치학자들로부터 가장 존경받는 다원주의 이론가인 다알(Robert Dahl)에 의하면 민주주의는 여러 가지 문제점을 가

○ 다원주의론

현대 정치학에 있어 가장 대표적인 민주주의 이론인 다원주의는 다알(Robert Dahl), 린드블롬(Charles Lindblom) 등에 의해 제창되었으며 이들은 민주주의의 한계와 강점을 동시에 주장하고 있다. 이들은 현대 민주주의를 엘리트의 경쟁과 시민의 참여라고 하는 두 가지 요소를 포함하는 다원주의 체제로 규정하였으며 이러한 체제에서는 다른 체제에 비해 개인의 자유와 기본권이 보장될 뿐 아니라 반대자를 포함한 사회내의 다양한 집단들의 의사가 정치과정에 전달될 수 있다고 보았다. 물론 정치권력의 불평등한 배분, 소수자집단의 소외, 정부권력의 지나친 비대 등의 문제점이 있지만, 대의제를 기본으로 하는 다원주의 체제보다 더 나은 체제가 현재에는 발견될 수 없다는 것이다. 그 이유는 현대인의 정치적인 무관심, 정책결정과 집행에 필요한 전문성과 기술, 직접민주주의의 비효율성 등을 감안하면 선거를 통해 대의원을 선출하여 그들로 하여금 정책을 결정하고 집행하게 하는 대의제가 필연적인 동시에 최선의 선택이라고 할 수 있기 때문이다.

지고 있으나 지금까지 존재해왔던 정치체제 중에서 가장 나은 정치체제라는 것이다. 민주주의는 개인의 자유와 기본권을 보장함으로써 개인의 목표가 외부의 간섭 없이 달성될 수 있는 기회를 제공하는 정치체제이다. 또 정부를 정기적인 선거를 통해 국민의 선택으로 구성하기 때문에 국민들이 자신들의 의사에 따라 정책을 결정할 수 있는 정치체제이다. 민주주의 체제가 현존하는 정치체제 중 가장 우월한 체제라는 증거는 그 어떤 다른 체제보다 국민들이 민주주의 체제를 더 선호한다는 데 있을 것이다. 국민들이 민주주의 체제를 군주제나 권위주의 체제 보다 선호하는 이유는 경험적으로 민주주의 체제의 도입이 삶의 질을 향상시켰기 때문이다. 한국도 예외는 아니다. 민주화 이후 정치에 대한 높은 불만에도 불구하고, 80% 정도의 사람들이 민주화로 삶의 질이 향상되었다고 평가하고 있다.

3. 좋은 민주주의 정부의 요건

국민이 민주주의를 체제 중 가장 선호한다고 해서 자

신들이 선출한 정부에 무조건 만족하는 것은 결코 아니다. 국민이 만족할 수 있는 좋은 민주주의 정부는 먼저 정치가 안정된 정부이다. 정치적인 안정이란 민주주의에 필수적인 요건이기도 하다. 정치적으로 불안정한 사회에서는 정부나 정책이 언제 바뀔지 모르며, 민주주의 자체가 지속될지조차 알 수 없다. 정치적인 안정이란 그 자체가 법과 질서와 같이 정치가 추구해야 할 가치이지만 모든 정부가 추구하는 경제 발전, 산업화, 교육과 사회복지의 확대 등이 이루어지기 위해서 필수적이기도 하다. 민주주의 이론가들이 보수적이라는 비판을 받으면서도 정치적인 안정을 강조하는 이유는 민주주의가 다른 정치 체제에 비해 정치적으로 불안정한 경우가 많기 때문이다. 특히 근대화 과정에서 정부에 대한 개인과 집단의 기대가 상승하고 이러한 기대를 정부가 충족시켜주지 못할 때 정치적인 불안정이 보편적으로 나타나며 민주주의 체제가 권위주의 체제로 변하는 경우가 많은 것이 사실이다.

두 번째로 국민이 만족할 수 있는 좋은 민주주의 정부는 국민의 기대와 요구에 순응적인 정부이다. 이는 정부가 국민의 기대와 요구를 받아들여 정책을 결정하고 집행할 뿐 아니라 그러한 기대와 요구의 변화에 민감하게 반응하는 것을 의미한다. 정부가 일단 선출된 후 선거에서의 약속과는 달리 국민의 의사와 전혀 상관없는 행태를 보인다면 그것을 좋은 민주주의 정부라고 볼 수는 없을 것이다. 이윤극대화를 하겠다고 해서 선출된 CEO가 무능한 친인척들을 높은 자리에 올려놓아서 회사가 적자를 보게 된다면, 그 CEO는 주주들의 기대와 요구에 전혀 순응적이지 못한 것이다. 좋은 민주주의 정부는 국민이 그들의 기대와 요구를 표출하기 전에 자발적으로 노력하여 국민의 기대와 요구를 알아내고 그것을 정책으로 전이시키는 정부이다. 민주주의하에서 정부와 정당이 순응성을 갖는 가장 중요한 이유는 두말할 필요도 없이 다음 선거에서의 승리를 위해서다.

좋은 민주주의 정부의 세 번째 요건은 정부가 전문성과 지도력을 갖추고 효율적이고 효과적으로 정책을 결정하고 집행할 수 있는 강한 정부여야 한다는 것이다. 정부가 아무리 국민의 기대와 요구에 순응적이라 하더라도 정책 결정과 집행을 제대로 하지 못한다면 그것은 무능한 정부이고, 그렇다면 이런 정부는 좋은 민주주의 정부라고 할 수 없을 것이다. 민주주의 정부의 정책은 대부분 정부, 정당, 이익단체, 여론, 언론 등과의 타협과 협상에 의해 결정되는 것이기 때문에 시간도 많이 걸릴 뿐 아니라 도출되는 정책의 내용 또한 어느 집단도 만족시키지 못하는 경우가 많다. 더 나아가 국민이 자발적으로 정책을 수용하지 않을 때에는 정책의 효과성도 크게 제한된다. 사실 민주주의의 요건으로 심각한 계급갈등이나 인종갈등이 없어야 한다고 지적되는 것은 이러한 갈등이 존재할 때 민주정부는 효율적이거나 효과적인 정책을 결정하고 집행할 수 없기 때문이다.

체제가 정치적으로 안정되고 정부가 순응적이고, 정책이 효율적이고 효과적일 때 그것을 좋은 민주주의라고 한다면 그러한 3대 요건, 즉 정치안정성, 순응성, 정책의 효율성과 효과성을 가능하게 하는 조건들은 무엇인가. 좋은 민주주의가 이루어지기 위해서는 사회경제적 조건과 정치문화적 조건이 필요하다고 알려져 있다. 먼저 사회경제적 조건으로는 산업화가 이루어져 국민의 경제적인 수준이 빈곤하지 않아야 하고, 민주주의의 보루로서의 중산층이 필요하다. 또 분배에 있어서 지나치게 불평등하지 않아 계층이나 계급 간의 갈등이 크지 않아야 하고, 교육수준이 높아 대부분의 국민이 정치에 대한 지식과 정보를 가지고 있어야 한다. 이 외에도 국민들이 합리적 판단을 할 수 있도록 신문, TV 등의 매스미디어가 보급되어서 정보가 자유롭게 제공되어야 한다.

사회경제적인 근대화는 좋은 민주주의가 되기 위한 충분조건은 아니다. 제2차 세계대전 이후 독립한 신생국가에서 예외 없이 민주주의가 실패한 중요한 이유는 이들 국가에서 좋은 민주주의가 되기 위한 정치문화적인 조건이 갖추어지지 않았기 때문이다. 좋은 민주주의가 되기 위해서는 무엇보다 국민이 합리적 시민이 되어야 한다. 고대 그리스 시대에서는 민주주의를 다른 정치체제보다 더 나을 것이 없는 정치체제로 간주하였는데 그 이유는 민주주의가 선동가의 선동에 따라 언제든 폭민주의로 변할 수 있다고 믿었기 때문이다. 초기 민주주의 이론가들 역시 국민들이 비합리적이라는

○ 시민문화론

알몬드(Gabriel Almond)와 버바(Sidney Verba)는 시민문화(*The Civic Culture*)에서 미국·영국·독일·이탈리아·멕시코 등의 5개국의 정치발전에 관한 분석을 통해 사회경제적 조건을 갖추었는데도 안정된 민주주의를 갖추지 못하는 나라들을 정치문화적으로 분석하였다. 그들은 안정된 민주주의의 요건은 다양한 정치적인 정향의 적정한 혼합인 '시민문화'가 존재하는지 여부에 달렸다고 보았다. 시민문화에서 중요한 것은 시민들이 정치과정에 적극 개입하는 참여형(Participant)정향뿐 아니라 권위에 복종하는 신민형(Subject) 또는 정치에 관여하지 않는 향리형(Parochial) 정향도 함께 지녀야 한다는 것이다. 즉 안정된 민주주의를 가능하게 하는 시민문화란 참여와 복종이 조화되는 문화이다. 좀 더 구체적으로 애국심, 신뢰, 효능감, 시민적 의무감 등의 정치적인 정향이 필요하다고 보았다.

사실을 발견하고 민주주의의 미래에 대해 우려하였으며 독일에서 선거의 결과로 나치정권이 등장한 것은 그 우려가 현실화된 예라고 보았다. 제2차 세계대전 이후 정치문화 연구의 가장 대표적인 학자들인 알몬드(Gabriel Almond)와 버바(Sidney Verba)는 미국인, 영국인, 독일인, 이탈리아인, 멕시코인의 정치적 정향을 비교하여 안정된 민주주의가 되기 위해서는 국민들이 참여와 복종이라고 하는 두 가지 정향을 동시에 조화롭게 가져야 한다는 사실을 발견하였다. 사회적 자본이 민주주의 및 지역공동체에 미치는 영향 등에 대해 연구한 정치학자 퍼트남(Robert Putnam)은 이탈리아 자치정부의 분석을 통해 삶의 질을 높이는 효율적이며 효과적인 민주주의를 위해서는 신뢰와 호혜성과 같은 사회적 자본이 필수적이라고 하였다. 이들이 공통적으로 강조하는 것은 정치적인 정향과 태도의 집합이라고 하는 정치문화가 민주주의에서 필요한 특성을 갖추지 못할 때에는 결코 좋은 정치와 정부가 이루어질 수 없다는 것이다.

좋은 민주주의의 조건으로서 정치문화를 사회경제적 환경과 분리하여 강조하는 것은 정치문화가 사회경제적 환경에 의해 영향을 받기는 하지만 사회경제적 환경이 변한다고 해도 일단 형성된 정치문화는 계속 지속되는 경향을 갖기 때문이다. 특히 개인의 정향과 태도는 대부분 청소년기에 결정되며, 이러한 정향과 태도는 성년 이후에도 변화하지 않고 지속된다는 것이다. 실제로 어릴 때 가난을 겪었던 사람은 부자가 된 후에도 돈을 중요하게 생각하게 된다. 마찬가지로 전통적 사회에서 민주주의에 필요한 참여와 신뢰와 같은 정향을 습득하지 못한 세대는 근대화가 된 이후에도 그러한 정향을 갖지 못하게 되는 경우가 흔하다. 그럴 뿐 아니라 이들 기성세대의 정향은 사회화 과정에서 부모에서 자식으로 세습됨으로써 문화의 지속을 가져온다.

4. 한국과 민주주의의 조건

한국은 민주주의 국가이지만 좋은 민주주의 국가라고는 할 수 없다. 한국정치와 정부는 민주주의가 발전한 서구국가와 비교해 볼 때 안정적이지도, 순응적이지도 또 강하지도 않다. 낮은 자질의 정치인, 정당 간의 지나친 대립과 갈등, 정부의 무능이라는 문제점으로 인해 한국정치가 위기에 처해 있다는 것을 생각하면 한국이 왜 좋은 민주주의 국가가 되지 못하는가는 자명하다. 왜냐하면 좋은 민주주의의

3가지 요건과 한국정치 위기의 원인으로 지적된 3가지 문제점은 양립할 수 없기 때문이다. 자질이 낮은 정치인들이 당리당략에 따라 대립과 갈등만 일삼는 정치가 안정될 수 없고, 무책임하고 무능한 정부가 순응적이고 강할 수도 없기 때문이다.

한국정치의 위기를 초래하는 3가지 문제점의 원인, 다시 말해 한국이 좋은 민주주의 국가의 요건을 충족시키지 못하는 원인으로 이 책은 한국인의 정치문화에 주목한다. 그 이유는 한국은 이미 민주주의 국가이며 좋은 민주주의가 되기 위한 산업화, 경제적인 평등, 교육의 확대와 매스컴의 보급 등 최소한의 사회경제적인 조건이 충족되어 있고 또 대통령중심제를 포함한 제도적 장치도 어느 정도 완비되어 있다고 보기 때문이다. 따라서 한국 민주주의가 좋은 민주주의가 아니라고 한다면 그것은 결국 한국인의 정치적인 정향과 태도, 특히 정당과 정부에 대한 지지를 결정하는 정향과 태도에 그 원인이 있다고 하겠다.

앞에서 본 것처럼 민주주의란 정부가 민주적 선거를 통해 구성되는 정치체제인데 민주적인 선거란 정기적인 선거에서 정당과 후보자는 공정하게 경쟁하고 국민들은 자유롭게 투표하여 그 결과로 정부권력이 획득되고 이전되는 선거를 말한다. 한국에서 시행되는 선거가 민주적 선거의 조건을 만족하고 있다면 한국은 민주주의 국가라고 할 수 있을 것이다.

한국에서 국민의 투표참여는 자유롭다. 사회단체나 정부기관에 의한 간섭이나 방해는 거의 존재하지 않는다. 또 자유로운 투표에 필요한 정보나 활동을 위한 언론, 집회 결사 등의 자유도 보장되어 있으며 대부분의 국민들은 실제로 큰 비용 없이 투표에 참여하고 있다.

정당과 후보자 간의 경쟁 또한 상당히 공정한 편이다. 과거 권위주의 시대와는 달리 현재는 선거 과정에서 정당과 후보자의 자금, 조직, 활동에 국가기관의 개입이 크게 감소하여 완전히 공정한 선거라고는 할 수 없을지 모르지만 민수수의의 요건을 충족한다고는 볼 수 있다. 예를 들어 지난 대선에서 인터넷을 통한 국정원의 선거개입이 있었지만 선거결과에 크게 영향을 미치지는 못함으로써 선거와 정부의 정당성을 부정할 정도의 것은 아니었다.

또한 무엇보다도 권력이 선거에 의해 획득되고 교체된다. 권위주의 시대에는 군부, 학생, 재야 등의 집단들이 큰 영향력을 행사했지만 민주화 이후에는 국민이 선출한 정당과 정부가 권력을 획득하고 또 선거의 결과로 권력이 교체되고 있다. 따라서 한국의 선거는 민주적 선거이며, 그렇기 때문에 한국은 민주주의 국가라고 할 수 있다.

좋은 민주주의를 이룰 수 있는 조건 중 사회경제적 조건과

제도적 장치도 어느 정도 갖추어져 있다. 산업화의 물결은 이미 한국을 휩쓸고 지나갔고 지식경제 산업은 오히려 한국의 탈산업화 과정을 부추기고 있는 실정이다. 경제적 평등을 보여주는 지니계수라든가, 한국인의 평균소득과 교육수준 등을 보면 좋은 민주주의를 위한 사회경제적 조건은 갖추어졌음을 알 수 있다.

한국에서 현재 시행되고 있는 대통령 중심제나 소선거구제 중심의 혼합선거제도 또한 다른 민주국가에서 흔히 볼 수 있는 제도이다. 민주화 이후 지속적으로 대통령 임기의 중임 허용, 또는 내각책임제의 도입, 선거제도에 있어서의 비례대표제의 도입 등에 관한 논쟁이 있었지만 현행 정치제도가 좋은 민주주의를 가지는 데 큰 장애요인이 되는 것은 아니라고 할 수 있다.

한국의 정당들도 다른 나라의 정당들과 마찬가지로 지지 극대화를 통해 권력을 극대화하려고 노력하고 있다. 사실 민주화 이후 정당이나 정치인치고 지지를 극대화하려고 하지 않는 정당이나 정치인은 극히 드물다. 현대 민주주의 국가에서는 갈수록 여론의 힘이 강해지고 있으며 이렇게 여론의 영향력이 큰 민주주의는 여론민주주의라고 불린다. 여론민주주의하에서는 여론의 지지가 없는 한 권력을 행사하기가 어려워진다. 반대로 여론의 지지를 받는 독재자는 없다는 말이 있듯이 여론의 지지가 있으면 지도자가 마음대로 정치를 하여도 그를 독재자로 비판하는 사람은 없다. 그렇기 때문에 정당과 정치인은 선거기간 동안에는 말할 것도 없고, 평상시에도 끊임없이 자신을 옹호하고 상대방을 비판함으로써 국민의 지지를 받으려고 노력한다. 왜냐하면 권력은 지지로부터 나오기 때문이다. 종북이라고 국민의 비난과 비판을 받는 통합진보당조차도 지지자들을 유지하고 확충하기 위해 노력하고 있다는 사실을 부정할 수는 없다.

정당들이 지지극대화를 위해 공정하게 경쟁을 하고 있고, 국민들의 참여도 자유로우며 좋은 민주주의를 이룰 수 있는 사회경제적 조건과 민주적 선거절차가 이미 어느 정도 갖추어졌다면 결국 안정적 정부, 순응적 정부, 강한 정부를 갖지 못하는 이유는 국민들이 정부가 안정적이지도, 순응적이지도, 또 강하지도 못하게 만드는 정당이나 정치인들을 계속 선거에서 뽑아주기 때문이다. 국민들이 합리적으로 투표한다면 당연히 좋은 민주주의를 이룰 수 있는 정당과 정치인을 뽑기 마련이다. 좋은 민주주의의 요건에 배치되는 정당과 정치인을 지속적으로 뽑아준다는 것은 국민들의 투표행태에 비합리적인 점이 있다는 것을 의미한다. 다시 말해 선거에서 정당이나 정치인에 대한 지지를 결정하는 정향이나 태도가 비합리적이라는 것이다. 한국에서 좋은 민주주의가 이루어지지 않고 있는 것은 국민의 투표행태를 결정하는 정치적 정향과 태도가 좋은 민주주의 정부를 가능하게 하는 정치문화적 조건을 충족시키지 못하고 있기 때문이다.

한국의 정당과 정치인, 정부의 행태가 한국정치의 위기를 가져왔다고 그들을 비난할 이유는 없다. 정당과 정치인은 국민들의 지지가 어떻게 결정되는지를 알고, 국민들의 기대반응을 생각해서 현재와 같은 행태를 취하는 것에 불과한 것이다. 정당이나 정치인의 행태를 바꾸게 하고 싶으면, 그렇게 하는 것이 정당의 지지극대화에 도움이 되게끔 해야 하지 한국의 정치가 위험에 처했다는 이유로 정당이 행태를 바꾸기를 기대해서는 안 될 것이다. 그렇다면 우리나라에서 정당이나 정치인에 대한 국민들의 지지를 결정하는 정향과 태도에는 어떤 비합리적 요인들이 있는가?

5. 한국인의 비합리적인 정당지지 결정 요인

우리나라 정당이나 정치인들에 대한 지지를 결정하는 비합리적 요인으로 3가지를 들 수 있다. 첫 번째 요인은 정당과 정부에 대한 지지를 떨어뜨리는 한국인들의 지나치게 높은 정치적 불신감이다. 즉, 한국인들이 정당과 정치인들에 대해 가지는 불신감의 정도가 비정상적으로 높아서, 정당과 정부의 권위를 크게 손상시키며, 그 결과 정부는 정책결정과 집행에 필요한 권력을 갖지 못하게 된다. 더 나아가 정치에 대한 지나치게 높은 불신감은 정치라는 직업에 대한 돈, 명예, 권력과 같은 보상을 감소시킴으로써 좋은 자질의 정치인들이 출현하는 것을 어렵게 한다.

두 번째 요인은 정당이나 후보자를 지지하는 데 가장 큰 영향을 미치는 한국인들의 비합리적 지역주의이다. 개인의 출신지역에 따라 정당과 후보자에 대한 지지가 결정되는 지역주의적 투표성향은 민주적 정치과정에 있어 필수적인 국민에 의한 정당과 정치인의 보상과 처벌을 사실상 불가능하게 만든다. 왜냐하면 국민의 상당수가 정치적 안정, 정부의 순응성, 정책의 효율성과 효과성을 기준으로 어느 정당과 정치인을 지지할지 결정하는 것이 아니라 지역에 따라 습관적으로 지지를 결정하기 때문이다.

세 번째 문화적 요인은 2000년 이후 시작된 외교·안보를 축으로 하는 보수와 진보 간의 이념갈등에 의한 지지결정이다. 투표결정 요인으로서 이념갈등이 본질적으로 비합리적인 것은 아니다. 다만 현재 진행되고 있는 한미관계, 남북한관계를 중심으로 하는 이념갈등은 비합리적이라고 할 수 있는데 그 이유는 이들이 정책적인 선택이 무의미한 소모적 이념갈등에 불과하기 때문이다. 왜냐하면 지금까지 지속되어 온 한미관계나 남북한관계를 구조적으로 변화시킬 수 있는 외교·안보 정책은 현 상황에 존재하지 않기 때문이다.

6. 국민이 원인이다

한국정치의 위기의 원인이 국민의 비합리적 정치문화에 있다고 하는 것은 국민에게 도덕적인 책임이 있다는 말은 아니다. 우리가 주의해야 할 것은 도덕적 책임과 과학적 인과(因果)는 반드시 구별되어야 한다는 것이다. 다시 말해 정치인들의 옳고 그름을 따지는 것과 이들의 행위를 결정하는 요인을 밝혀내는 것은 다르다는 것이다.

정치인의 낮은 자질, 당리당략에 의한 정당 간의 대립과 갈등, 정부의 무능 등은 물론 그 도덕적 책임이 정당과 정치인에게 있다. 그러나 이러한 문제를 해결하기 위해서는 국민의 정치적 불신, 지역주의적 투표행태, 이념갈등 등이 줄어

들어야 한다는 것이고 그 결과 이러한 병폐가 감소할 수 있다면 국민의 정치문화가 정치적 병폐의 원인이었다고 할 수 있기 때문이다.

한 가지 비슷한 예로 북한 일인지배체제의 지속에 대한 도덕적 책임과 인과적 원인을 생각해볼 수 있다. 북한주민들의 참담한 실상은 잘 알려진 이야기다. 식량난으로 수백만 명이 아사(餓死)했고, 의약품 부족으로 마취제 없이 수술을 한다고도 한다. 이러한 참상의 도덕적 책임이 폐쇄적인 억압체제를 무력으로 국민들에게 강요하는 독재자와 그를 지지하는 군부 및 노동당 지도자들에게 있다는 것은 두말할 필요도 없다. 그러나 이런 체제가 유지되는 인과적 원인은 북한주민에게 있다고 할 수 있다. 도덕적으로 아무런 책임도 없는 북한주민들이 인과적 원인이라고 한다는 것은 북한주민들이 변화하여 체제를 붕괴시키지 않는다면 체제가 유지될 수밖에 없기 때문이다. 체제와 독재자에 맞서 싸우는 것이 매우 어렵다는 것은 두말할 나위도 없다. 그럼에도 불구하고 변화를 이끌어낼 수 있는 유일한 주체는 북한주민이라는 것 또한 사실이다.

엄격하게 말하면 정치권의 행태와 국민의 행태는 상호작용 관계에 있다. 한편으로 국민의 불신이 정치권의 권위를 약화시키지만 다른 한편으로 정치권의 행태가 국민의 불신을 증가시키기도 하기 때문이다. 사실 싸움만 하고 아무것도 해 주지 못하는 정당과 정부의 권위를 인정할 수 없는 것은 너무나 당연하다. 그럼에도 불구하고 이 책에서 정치적 위기의 원인이 정당과 정부에 있다고 하기보다는 국민에게 있다고 하는 것은 이 상호작용 관계에서 더 크고 본질적인 영향을 행사하는 것이 국민이기 때문이다. 정당과 국민의 영향력을 비교해보면 국민의 영향력은 정당의 영향력에 비할 바 없이 크다. 국민은 정당이나 정치인을 없앨 수 있지만, 정당이 제 아무리 애써봐야 국민의 주권을 없앨 수는 없기 때문이다. 국민으로부터 지지를 받아 권력을 얻으려고 하는 정치권을 변화시키는 궁극적인 수단은 정치권 자체가 아니라 정치권에 대한 지지를 결정하는 국민에게 있다.

이 책은 국민을 비판하려는 의도에서 쓰인 것은 아니다. 민주주의하에서 국가의 주인은 국민이기 때문에 정치인이건 학자이건 국민이 나쁘다고 비판할 수는 없다. 왜냐하면 살고 있는 집에 불만이 있는 집주인에게는 자기 집을 팔 권리도, 고칠 권리도, 또 그 집에 그대로 살 권리도 있기 때문이다. 그러나 주인이 최선의 결정을 하기 위해서는 문제의 원인, 폐해, 대책에 관한 지식을 필요로 한다. 이러한 점에서 이 책이 목표로 하는 것은 오늘날 한국이 처해있는 위기에는 불신, 지역주의, 이념갈등이라는 근본원인이 있다는 것과 이러한 인과관계가 어떻게 형성되는지를 밝힘으로써 국민들이 정치에 대해 좀 더 나은 이해를 하고, 더 나은 선택을 하는데 필요한 지식을 제공하는 것이다.

이 책은 또한 영남과 호남, 진보와 보수, 기성세대와 신세대, 새누리당과 새정치민주연합 등의 정치적인 갈등집단 중어느 한 쪽을 옹호하거나 비판하지도 않는다. 사실 이 책이 강조하는 것은 지금 현재의 우리나라 정치와 선거에서 대표적으로 나타나고 있는 지역, 세대, 이념 등의 갈등은 한국정치 발전에 있어 그리 도움이 되지는 못한다는 것이다. 또 이러한 갈등을 극복하기 위해서는 어느 한 집단의 변화만이 요구되는 것이 아니라 모든 집단들이 변화해야 한다는 것이다. 민주주의의 핵심은 경쟁과 참여에 있다. 그렇기 때문에 정치 발전을 위해서는 좀 더 높은 수준의 경쟁과 참여가 필요하며, 그러기 위해서는 모든 정당이나 국민들의 변화가 동시에 요구된다고 하겠다.

지나치게 높은 정치불신감

제3장

지나치게 높은 정치불신감

    민주주의하에서 개인의 정치적 정향 중 가장 중심이 되는 정향에는 정치에 대해 관심을 갖는 정치적 관심, 정치와 정치인들에 대한 신뢰를 나타내는 정치적 신뢰, 정치에 영향을 끼칠 수 있다고 생각하는 정치적 효능감 3가지가 있다. 여기서 정치적 정향이란 다른 정치적 태도에 일관된 영향을 미치는 태도를 말하며, 중심적 정향이란 민주주의 정치문화에 가장 필요한 정향을 말한다. 민주주의하에서 시민이란 정치에 관심이 있고 정치를 신뢰하고 또 정치에 참여할 수 있는 사람이어야 한다. 이러한 기준으로 볼 때 한국인에게 부족한 것이 바로 정치적인 신뢰이다. 사실 한국정치 위기의 가장 큰 원인으로 볼 수 있는 것은 한국인들의 정치에 대한 불신이 비정상적일 정도로 높다는 것이다. 한국인들의 정치적 불신의 정도는 우리 사회에 난무하는 음모론, 괴담, 유언비어를 살펴보면 쉽게 알 수 있다.

한국인들의 정치 불신과 유언비어 난무가 가장 잘 드러났던 것이 광우병 사태다. 이명박 정부가 수립된 지 2개월 정도밖에 안 되었을 때 한국을 뒤흔들었던 광우병 사태가 벌어졌다. 2008년 4월 한미정상회담을 하루 앞두고 미국산 쇠고기의 전면적 개방이 이루어졌는데 이때 다른 나라에서는 수입하지 않는 30개월령 이상의 쇠고기를 수입한다는 것과 미국에서 광우병이 발생하여도 한국정부가 일방적으로 수입을 중단할 수 없다는 규정이 포함되어 있었다. 광우병 위험으로 다른 나라에서 사가지 않는 월령의 쇠고기를 우리나라가 수입할뿐더러 뼈와 내장 등의 부산물까지 수입한다는 것은 정부가 국민들의 안전에는 전혀 관심이 없다는 증거로 받아들여졌다. 이명박 정부가 우리 국민의 식탁의 안전을 팔아먹었으며 검역 주권까지 포기했다는 규탄이 높아지면서 주부들이 유모차를 끌고 나오고 고등학생들까지 참여하는 범국민적 촛불시위가 일어났다.

당시 인터넷 포털 사이트를 통해 우리 국민들에게 널리 퍼졌던 광우병 괴담의 사례를 하나 보도록 하자. 방송 매체에

⭕ 광우병 촛불집회

2008년 5월부터 약 3개월간 진행된 촛불집회는 이명박 정부가 미국산 쇠고기 수입개방을 결정한 이후 수입 쇠고기에 대한 불신과 광우병에 대한 우려가 국민들 사이에 확산되면서 일어나게 되었다. 5월 2일 청계천에서의 '쇠고기 수입반대 1차 촛불문화제' 이후 불과 며칠 만에 1,700여 개 시민단체와 인터넷 커뮤니티가 참여하는 '광우병국민대책회의'가 결성되는 등 수입 쇠고기 문제에 대한 국민들의 관심과 우려가 대규모 시위로 발전하게 된 것이다. 첫 집회 후 106일 동안 2,398회의 촛불집회에 연인원 93만 2천여 명이 참가하고, 이 과정에서 집회 시위대와 경찰을 합쳐 중상자만 200여 명 가까이 발생했으며 경제적 피해도 1조 원을 넘는 것으로 추산된다. 광우병 촛불집회가 다른 촛불집회와 다른 점은 참여자들이 정치사회적인 이슈가 아닌 건강과 생활에 관한 이슈를 둘러싸고, 정당과 시민단체가 아닌 아고라와 같은 인터넷 토론방을 통한 자발적 참여를 했다는 것이다. 광우병 촛불집회로 인해 미국산 쇠고기 수입 재협상이 시작되어 수입과 검역조건이 강화되게 되었다. 초기 촛불집회에 대한 정부의 권위적이고 미숙한 대응으로 대통령 지지도가 크게 하락했으며, 이로 인해 새 정부에 의한 보수적 개혁의 실행이 어렵게 되었다. 광우병 촛불집회에 대한 평가는 크게 엇갈려 이를 참여민주주의의 시발점으로 보는 학자도 있는 반면 대의민주주의의 위기상황으로 보는 학자도 있다.

서 인터넷 포털 사이트의 주요뉴스를 자주 보도하는데 SBS 뉴스가 보도한 2008년 5월 2일 자 조선닷컴기사에 의하면 "우리 민족은 광우병에 약한 유전자형을 가진 비율이 90%가 넘는다"고 했다 한다. 이런 괴담은 일파만파 번져 광우병 쇠고기가 학교급식에 사용될 것을 우려하는 고등학생들까지 촛불집회에 참여하게 되었다.

사실 정부에게 국민의 안전을 담보로 할 의도는 전혀 없었을 수도 있다. 문제는 광우병 사태가 벌어졌을 때, 정부가 순수한 의도를 가졌을 수도 있다는 것은 전혀 인정받지 못했다는 것이다. 이명박 정부는 집권 초부터 국민의 안전 따위는 안중에도 없는 정부로 낙인찍히게 되었고, 임기 말까지 그 영향에서 벗어날 수가 없게 되었다. 그로 인해 이명박 정부의 지도력이 급격히 감소하고, 정부에 대한 국민의 불신이 극도에 달하게 되었으며, 이명박 대통령이 가장 잘 못한 대통령으로 평가받는 계기가 되었다.

이러한 광우병 사태가 일어난 지 벌써 6년이 지났다. 광우병으로 총 177명의 희생자가 발생했던 영국에서도 최근 희생된 사람은 2014년의 1명에 불과하다. 아시아의 경우에도 광우병사태 이후, 영국에 오래 체류했던 대만인이 1명 사망했을 뿐이며, 한국에서는 인간광우병환자 소동만 있었을 뿐 실제 발병사례는 없다. 당시 미국과 일본을 비롯한 다른 나라에서는 한국의 광우병 사태가 국민의 광우병에 대한 지나친 기우에서 비롯되었다고 볼 정도였다. 외국에서와 달리 유독 국내에서만 광우병괴담이 걷잡을 수 없는 산불처럼 퍼져서 결국은 국정을 마비시키기에까지 이르렀던 까닭은 무엇인가? 물론 이명박 정부가 한미 FTA 타결을 위해 쇠고기 수입개방 과정을 졸속적으로 처리하고, 정책수립과정 및 국민에게 홍보하는 과정에서 권위적이었던 것은 사실이다. 또한 당시의 주한미국대사가 한국인들에게 미국산 쇠고기와 과학에 대해 공부하라고 말해서 사람들의 분노를 샀던 것도 사실이다. 그렇지만 광우병 사태가 이렇게까지 커질 수 있었던 것은 애초에 국민들이 정부를 믿지 않기 때문이다. 광우병 사태 당시 국민들은 정부의 어떠한 사태해결 노력도 진지하게 받아들이지 않았고, 상황을 희화화하여 당시의 농림수산식품부장관은 '울먹운천'이라는 유쾌하지 못한 별명까지 얻게 되었던 것이다.

한국정치에 나도는 유언비어와 음모론은 광우병 사태 하나에만 국한된 것은 물론 아니다. 천안함 사건과 세월호 사건도 수많은 음모론에 휩싸여 있다. 이러한 유언비어, 또는 괴담이 우리 사회에서 발 디딜 곳을 찾을 수 있다는 것은 곧 이런 괴담을 믿어줄 사람이 있다는 것이고, 그 말은 이러한 괴담이 가능하다고 생각할 정도로 사람들이 정부를 불신하고 있다는 뜻이다. 정부에 대한 최소한의 신뢰가 있어야 국정운영이 원활히 이루어질 수 있음에도 불구하고 우리 사회에서는 이러한 수준의 신뢰를 찾아볼 수 없다는 것이다.

1. 정치불신감의 양상

1) 정치적 불신이 지나치게 높다

한국인의 정치불신감이 비정상적으로 높다는 것이 사실인가? 해외 및 국내 연구기관에 따르면 그렇다. OECD 등의 연구결과에 따르면 정부를 신뢰한다고 말하는 한국인은 10명 중 고작 두세 명 정도라고 한다. OECD 평균은 43%로 10명 중 4명 정도가 정부를 신뢰하는 데 반해 한국은 25%만이 정부를 신뢰한다고 말하고 있으며, OECD 34개국 중 6번째로 정치적 불신이 높다. 한국인에게 있어 정치적 불신은 사회적 불신, 문화적 불신보다 더 높으며 이는 세계에서 가장 정치적 불신이 높다고 알려진 남미 국가들보다도 더 높은 수준이다.

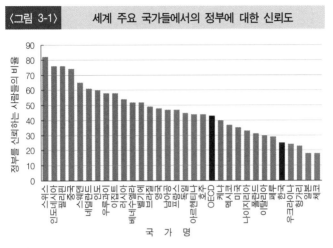

국 가 명

* 출처: Society at a Glance 2014, OECD; Gallup World Poll

2) 불신은 한국의 정치문화적 특성이다

한국인의 정치적 불신의 정도가 아무리 높다고 하여
도, 이러한 불신이 일시적이거나 과도기적인 현상이라면 크
게 걱정할 필요는 없을 것이다. 하지만 이러한 불신이 특정
정부나 특정시기에 과도적으로 나타나는 일시적 현상이 아
니라 모든 정부에서 발견되는 지속적 현상이라는 점에서 불
신은 우리 사회를 규정하는 정치문화적 특성이 되었다고 할
수 있다. 불신의 정도가 높은 것도 문제지만 이러한 불신이

감소하기보다 점점 더 증가하고 있다는 것이 더 큰 문제다.

우리 사회의 불신이 정치문화를 규정하는 특징 중 하나가 되었다는 증거로 먼저 예외적인 경우를 제외하고는 민주화 이후 대통령 지지도가 집권초기가 지나면 50% 이하로 떨어져 그 상태로 지속되는 현상을 들 수 있다. 정책 실패나 집권 후반기에나 나타나는 레임덕 현상으로는 이러한 대통령의 지속적 지지도 하락을 설명할 수가 없다. 사실 대통령의 직무평가에 대해 부정적 평가가 긍정적 평가보다 많다는 것은 대통령과 정부의 권위에 치명적 타격을 준다.

우리 사회의 정치 불신이 우리 사회가 변화하는 동안의 과도기적 현상이 아니라 우리 사회를 설명하는 특성이 되었다는 또 다른 증거로 정당과 국회에 대한 신뢰도 또한 오랫동안 낮은 상태로 지속되고 있다는 현상을 들 수 있다. 정당과 국회에 대한 신뢰도가 공무원, 군대, 경찰, 은행, 학교, 대기업, 노동조합, 시민단체에 대한 신뢰도보다도 낮은 최저수준이며 이들을 신뢰하는 사람들은 20%도 되지 않지만, 신뢰하지 않는 사람들의 비율은 80%를 넘는다. 이러한 정당과 국회에 대한 낮은 신뢰도는 조사가 시작된 1990년대 이후 큰 변화 없이 계속 지속되고 있다.

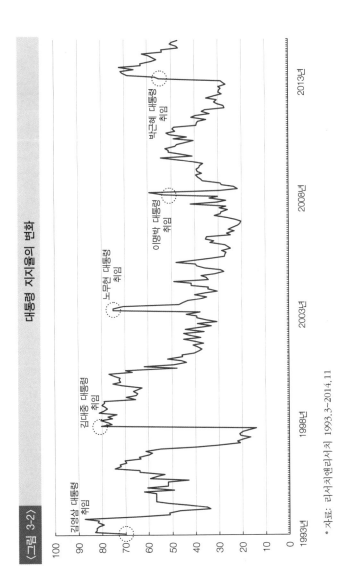

〈그림 3-2〉 대통령 지지율의 변화

* 자료: 리서치앤리서치 1993.3~2014.11

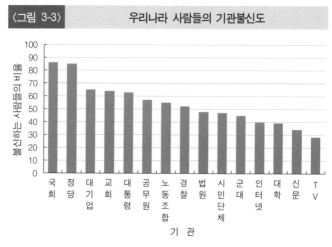

〈그림 3-3〉 우리나라 사람들의 기관불신도

* 자료: 서강대 현대정치연구소, 2012년 한국사회갈등조사

2. 정치불신감의 원인

그렇다면 우리 사회의 높은 정치불신감은 어디서 유래하는가?

먼저 한국정치의 불행한 역사가 정치불신감을 가져왔다고 볼 수 있다. 돌이켜 보면 지난 20세기에서 한국인처럼 불행한 정치의 실패를 경험한 민족은 세계에서 찾아보기 어렵다.

조선왕조의 근대화 실패로 인해 식민지로 전락하였으며 일제 식민지 정부에 의한 정치적 억압과 경제적 수탈은 말할 것도 없고 태평양 전쟁 기간 동안 총동원령에 의해 인적 물적 희생을 감내해야 하였다. 물론 신분타파와 외세 배격의 동학운동도 있었으며, 중국과 만주에서 민족세력과 사회주의 세력에 의한 독립운동도 전개되었지만, 비교할 수 없을 만큼 강한 군사력을 가진 일본제국에 상대가 되지 못했다. 1945년 8월 일본의 무조건 항복 선언으로 외세에 의한 독립이 이루어졌지만 이내 38선을 기점으로 민족이 분단되는 아픔을 겪었다. 또 북한공산정권의 남침에 의해 3년간 참혹한 전쟁을 겪게 되었고 전쟁이 끝난 후에는 이승만 정부의 부정부패와 억압, 4.19 혁명으로 등장한 민주당 정부의 무능과 혼란 등이 이어졌다. 그 이후 반공, 법과 질서, 경제성장 등을 내건 군사정부가 경제성장 등에 있어 어느 정도 성공을 거두었으나 개인의 자유와 기본권의 제한과 집권층의 부정부패는 국민에게 다시 한번 어려움을 겪게 하였다.

이러한 불행한 정치사가 국민들의 의사와는 전혀 상관없이 이루어졌다는 것은 말할 필요도 없을 것이다. 집권자의 무능과 분열, 부정부패, 독재와 억압 아래에서 국민들은 이들에게 신뢰감을 가질 수 없었다. 이렇게 국민들 사이에 한번 형성된 정치적 불신의 구조는 사회화 과정에서 아랫세대

에게 학습되었고 이는 중심적인 정치적 정향으로 굳어지게
되었다.

불신감의 또 하나의 원인으로 우리나라의 유교적 전통에
서 요구되는 이상적인 정치인의 상과 민주주의하에서의 현
실 정치인의 모습과의 괴리를 들 수 있다. 유교사회인 조선
에서 성군이란 덕으로 나라를 다스리고 백성의 소리를 천심
으로 아는 정치인이다. 높은 인격과 지혜, 그리고 자기희생
이 요구되는 전통적인 지도자 상과 정권을 얻기 위해서는 무
엇이건 할 수 있는, 지지를 동원하기 위해 국민을 분열시키
고 갈등을 조장하는 행동까지도 서슴지 않는 민주주의하에
서의 현실 정치인의 모습 간의 괴리는 상당하다. 다시 말해
서 역사나 도덕책을 통해 우리 국민 모두의 마음속에 자리
잡은 이상적인 정치인의 상에 비추어졌을 때, 이기적인 동기
로 정치권력을 얻기 위해 국가 이익에 반하는 대립과 갈등을
서슴지 않는 정당정치인은 국민의 눈에는 신뢰받지 못하는
존재가 되고 만다.

세 번째 이유로는 민주화로 인해 과거 정치인들이 자신들
의 권력추구를 정당화하기 위해 사용했던 명분이 사라졌다
는 점을 들 수 있다. 민주화 이전에는 민주 대 반민주의 정치
갈등은 권력추구의 목적을 민주주의와 경제성장 중 어느 것
을 더 강조하느냐라는 명분으로 정당화되었다. 권위주의 정

부와 여당은 그들의 지배를 경제성장, 반공, 법과 질서 등으로 정당화하였고 야당은 개인의 자유와 기본권, 경제적인 평등과 복지 등으로 그들의 권력추구를 정당화하였다. 그러나 민주화가 이루어지면서 이러한 명분이 양쪽 다 소멸되어 버리고 만 것이다. 그 대표적인 예가 바로 양 김씨인데 민주화 이후 이들은 대권을 획득하기 위해 그들이 투쟁해왔던 과거 권위주의 세력들과의 연합도 서슴지 않았다. 김영삼은 1990년 3당합당으로 거대 여당의 대통령 후보자가 되어 1992년 선거에서 당선되었으며, 김대중은 1997년 선거에서 김종필과의 공동정권을 위한 DJP 연합으로 대통령에 당선될 수 있었다. 대중적 지도자라고 할 수 있는 이들조차 오직 권력을 위해 권력을 추구하는 정치인이라는 비판을 국민으로부터 받게 되었고, 국민의 정치지도자에 대한 불신은 더욱 더 증가하게 되었다.

3. 정치불신감의 폐해

정치적 불신의 증가는 우리나라만의 현상은 아니다.

1970년대 이후 정당의 이데올로기적인 차이가 없어지고, 경제운영에 대한 정부의 무능력으로 정당과 정치인에 대한 불신과 불만이 증가하는 소위 '정당의 실패'라는 현상이 미국과 영국을 비롯한 대부분의 서구 국가에서 나타나게 되었다. 그러나 이들 국가에서의 정치적 불신은 1990년대 초를 정점으로 감소하여 정당과 정부에 대한 신뢰는 평상 수준으로 회복되었다. 그러나 한국의 경우에 있어서는 정치적 불신의 정도가 다른 나라보다 더 높을 뿐 아니라 이러한 높은 정치적 불신이 감소하기는커녕 더 증가하고 있다.

민주주의가 잘 행해지기 위해서는, 즉, 정치가 안정되고 행정이 효율적으로 이루어지기 위해서는 정치행위자에 대해 신뢰를 가지는 정치문화가 필수적이다. 사회적 자본인 정치적 신뢰는 정치행위자의 권위를 인정함으로써, 큰 대가를 지불하지 않고도 통치행위가 이루어질 수 있게 하기 때문이다. 물론 비판과 감시의 기능을 위해서 적정량의 불신은 민주주의의 필수요건이지만, 이 불신이 너무 커질 때, 그리고 이러한 불신이 우리 정치문화의 일부가 될 때는 다음과 같은 폐해를 가져오게 된다.

먼저, 국민의 지나친 정치적 불신은 정치지도력을 고갈시켜 무정치(무정부)와 불신의 악순환을 가져오게 된다. 국민이 정치인들을 불신하다보니 정치인들은 행동에 제약을 받게 되고, 이로 인해 아무 것도 하지 않거나, 또는 하려 해도 아무 것도 할 수 없게 된다. 그렇게 되면 정치인들에 대한 국민의 불신은 한층 더 높아지게 되는 것이다.

민주화 이후, 특히 노무현 정부 이후 역대 정부는 국민의 지지가 없어서 할 수 있는 것들이 별로 없는 식물정부로 전락했다. 국민의 지지가 없으면 민주정부는 권위를 상실함으로써 정책을 이행하지 못하거나 반쪽 정책만 이행하게 되어 불만족스러운 결과를 가져오게 된다. 그 한 가지 예가 노무현 대통령의 임기 말기에 제안되었던 국회의원 선거와 대통령 선거를 동시에 실시하고 대통령의 중임을 허용하자는 원 포인트 개헌의 실패다. 한 가지 흥미로운 사실은 이러한 개헌에 대해 과반수의 국민이 찬성하였으나 60%가 넘는 국민이 개헌은 노무현 정부 이후로 미루어야 한다고 했다는 것이다. 다시 말해 노무현 정부는 아무 것도 하지 말라는 것이었고 이로 인해 국민의 불신은 더 커지게 되었다. 이명박 정부 또한 광우병 사태로 여론의 지지가 감소하여 대운하를 포함한 대부분의 선거공약을 포기하거나 크게 수정할 수밖에 없었다.

그렇게 본다면 박정희 정부가 경제성장이라는 업적을 쌓아 국민들로부터 가장 잘한 대통령으로 선정될 수 있었던 것은 국민의 지지가 없어도 정책을 펼칠 수 있었던 권위주의 정부였기 때문에 가능했다고도 볼 수 있다. 다시 말해 박정희 정부는 정부의 권위가 없어도 국가기구를 동원해 국민과 사회에 강제력을 발휘함으로써 그들이 원하는 정책을 결정하고 집행할 수 있었던 정부였던 것이다. 이에 비해 이명박 대통령과 노무현 대통령이 가장 못한 대통령으로 선정되었던 것은 특정의 정책이 실패했기 때문이라기보다는 아무런 정책도 시행할 수 없었던 이유가 더 컸기 때문이라고 하겠다.

두 번째로 정치 불신의 폐해는 그로 인해 부정적인 정치가 만연된다는 데 있다. 사람들은 심리적으로 인지부조화를 원하지 않기 때문에 자신들의 기존 태도를 강화해주는 정보만을 선택적으로 받아들이는 경향이 있다. 인지부조화란 사람들이 기존에 가지고 있는 태도에 맞는 정보는 받아들이는 반

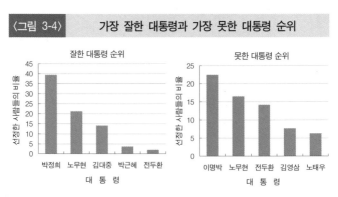

〈그림 3-4〉　　　가장 잘한 대통령과 가장 못한 대통령 순위

* 자료: 서강대학교 현대정치연구소, 2013년 국민의식조사

면 맞지 않는 정보는 받아들이지 않는 현상을 의미한다. 그렇기 때문에 정치인들을 믿지 않는 국민들에게 만약 언론에서 정당과 정치인들이 잘하고 있다고 보도한다면, 국민들은 그러한 보도는 듣지도 보지도 믿지도 않을 것이다. 국민의 관심과 지지를 통해 그들의 영향력을 확대하려는 언론, 시민사회단체는 물론 정치인 자신들조차 국민에게 영합하기 위하여 지속적으로 상대를 매도하는 정치 때리기에 열중하고 이는 국민의 정치적 불신을 더욱 더 상승시키는 결과를 가져오게 된다. 국민의 지나치게 높은 정치적 불신감은 정당들로 하여금 지지를 동원하는 방법으로 자신의 장점을 내세우기보다 상대방의 약점을 강조하게 한다. 지난 2012년 대선 때 주요 이슈가 성장과 복지와 같은 새 정부의 정책과 약속에 대한 것이 아니라 노무현 전 대통령의 NLL 넘겨주기와 국정원의 선거개입과 같은 상대방을 깎아내리는 이슈였다는 것이 그 전형적인 예라고 볼 수 있다.

정치불신의 세 번째 폐해는 정치인의 질이 저하된다는 것이다. 정치를 불신하다 보니 기존의 숙련정치인보다 정치적 경험이 없는 아마추어 정치인이 더 선호를 받게 된다. 현재 정치를 잘하지 못하고 있는 사람보다 정치를 해본 적이 없어 잘못한 일이 없는 사람이 더 좋다는 것이다. 안철수 현상이 바로 그 대표적인 예라고 할 수 있겠다. 안철수를 지지하는

⬤ 인지부조화(Cognitive dissonance)

1950년대 심리학자 레온 페스팅거(Leon Festinger)가 주장한 이론이다. 개인들이 매스 미디어가 제공하는 정보 등을 수용하는 데 있어 자신들이 기존에 가진 태도와 맞는 것은 받아들이고 맞지 않는 것은 받아들이지 않는 것을 의미한다. 기존의 태도와 다른 정보가 전달되면 개인은 불쾌감을 느끼게 되고 이 불쾌감을 줄이기 위해, 그 정보가 사실이 아니거나 잘못된 정보라고 인식한다는 것이다. 이러한 인지부조화의 심리에 따라 매스 미디어가 전달하는 정보는 개인의 태도를 새로 형성시키거나 변화시키지는 못하고 기껏해야 기존의 태도를 강화하는 효과만을 가져온다는 것이다. 예를 들어, 흡연자들은 담배의 유해성에 대한 광고를 보지 않거나, 보더라도 금방 잊어버리거나 또는 그 광고가 사실이 아니라고 생각하기 때문에 금연광고가 흡연을 줄이는 효과는 매우 작다는 것이다. 그렇기 때문에 언론은 시청자나 구독자를 극대화하기 위해 그들의 시청자나 구독자가 기존에 가지고 있는 태도에 부합하는 정보만을 제공하게 된다.

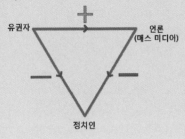

대부분의 사람들은 안철수가 구체적으로 무엇을 해줄 것을 기대해서가 아니라 그가 대통령이 되면 지금보다는 나아지지 않겠느냐는 막연한 기대에 의해 지지한 것이었다. 사실 후보자 지명과정과 대선 과정에서 가장 많은 지지를 받았던 노무현과 이명박도 다른 후보자들에 비해 정치에 대한 경험과 기술이 부족한 정치인들이었다. 아마추어 정치인의 문제는 이들이 정치경력이 없다 보니 정책결정과 집행에 전문성을 갖추지 못하고 있을 뿐 아니라 대화, 타협, 통합의 경험이 없어 잦은 시행착오를 범하고 그로 인해 정국이 극단으로까지 흘러가기 쉽다는 점이다.

우리 국민들의 비정상적으로 높은 불신감은 최근 후보자 지명과정에서 국민참여가 확대되고 있는 현상과 맞물려 정치인의 질 저하 문제를 더욱 악화시키고 있다. 앞에서 언급되었듯이 정치적인 불신이 큰 국민들이 후보자 지명과정에 참여하다 보니, 정치를 해보지 않은 신인의 선호도가 높아지고 그 결과 지명되는 후보자의 정치적인 전문성이나 기술이 부족하게 된다. 이들이 당선된다 하더라도 오랜 정치경험이 있었던 후보자보다 더 정치를 못하게 되고 그 결과 정치적인 불신은 한층 더 높아지게 되는 것이다.

정치적 불신으로 인한 신인선호로 인해 현 19대 국회의 초선의원 비율은 50%에 달한다. 현 113대 미국 하원의 경우

⬤ 대통령 선거에서의 신인 후보의 돌풍

민주화 이후 지금까지 역대 대통령 선거 과정에서 적지 않은 영향을 미친 제 3후보들이 항상 존재해 왔다. 1992년 정주영과 박찬종, 1997년의 이인제, 2002년의 정몽준, 2007년의 이회창, 2012년의 안철수 등이 그 예이다. 그들이 공통적으로 보여주었던 모습은 기성 후보자들이 만족시킬 수 없었던 정치개혁에 대한 국민적 열망을 대변하는 것이었다.

그렇다면 이들은 왜 대통령 선거 때마다 나타나는가? 그 이유는 무엇보다 기성 정당과 정치인에 대해 느끼는 국민적 불만이 크기 때문이다. 1992년 정주영은 '신경제론'을 주장하며 양김씨의 국정운영능력에 대한 비판을 하였으며, 박찬종은 깨끗한 정치인이라는 이미지로 정치개혁에 대한 국민적 요구를 대변하는 듯하였다. 1997년의 이인제, 2002년의 정몽준, 2012년의 안철수 등은 정치신인으로서 기존 정당 및 정치인에 대한 국민적 실망을 지지기반으로 하여 등장하였다.

그러나 이들의 정치개혁은 정책이나 이념에 있어 구체성이 결여되어 있었으며, 선거에서의 승리를 위해 후보단일화 등을 시도함으로써 기성 정치인들과 차별화를 이루지 못함은 물론 대통령에 당선되지도 못하였다.

초선비율은 17%이며, 10년 이상 근속의원과 60대 이상 의원의 비율이 각 40%에 달한다. 이들의 평균재임연수는 9.1년이었다. 일본의 경우도 4선 이상 의원의 비율이 40%를 넘는

등 원로와 중진의 비율이 높은 것을 생각하면 우리나라 국회
의원의 약 50%가 물갈이 되는 것은 상당히 높은 비율이라

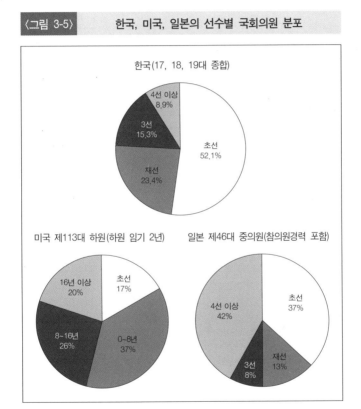

〈그림 3-5〉 한국, 미국, 일본의 선수별 국회의원 분포

한국(17, 18, 19대 종합)

4선 이상 8.9%
3선 15.3%
재선 23.4%
초선 52.1%

미국 제113대 하원(하원 임기 2년)

16년 이상 20%
초선 17%
8~16년 26%
0~8년 37%

일본 제46대 중의원(참의원경력 포함)

4선 이상 42%
초선 37%
재선 13%
3선 8%

* 자료: 한국 - 12~17대 국회의원 선거총람,
　　　　 18, 19대 www.hani.co.kr/popups/print.hani?ksn=528146
　　　 미국 - CRS Report R41545
　　　 일본 - 衆議院 議員情報(www.shugiin.go.jp)

하겠다. 이런 현상은 19대 국회에만 국한된 것이 아니다. 2004년 17대 국회 때는 초선의원의 비율이 62.5%에 달했고 2000년 이후 초선의원의 비율은 49%가 넘는다. 이런 점을 볼 때 우리나라 국회가 입법의 전문성과 기술을 갖추었는지에 대해 의문을 가지지 않을 수 없게 된다.

이와 관련된 이슈로 직업 정치인에 대해 불신감이 높은 국민이 과연 제대로 지도자를 선출할 수 있는가 하는 의문이 계속 커지고 있다. 정치 지도자가 되기 위해서는 국민으로부터 지지를 받을 수 있는 덕목, 즉 정직성, 참신성, 설득력 등이 필요하기도 하지만 정치와 사회에 대한 기본지식과 함께 정당이나 사회집단들과의 네트워크, 입법과 정책결정에 대한 전문성 등도 갖추어야 한다. 이런 조건들을 충족하는 사람들은 많지 않지만 그래도 직업정치인이 아마추어보다 나은 것은 확실하다. 그렇기 때문에 행정수반인 수상을 국회에서 선출하는 내각책임제가, 국민이 직접 대통령을 선출하는 대통령제보다 지도자의 자질과 능력 측면에서 더 낫다고 하는 주장도 있다.

정치인의 질 저하 문제는 악순환을 거듭하면서 정치불신의 증폭을 가져온다. 오늘날 우리 사회에서 정치인들은 존경이 아닌 조롱을 받는 존재가 되었다. 현재의 많은 정치인들이 권력, 돈은 물론 명예도 가지지 못하는 것을 보고 장래

정치지망생들 중 정치에 뜻을 잃는 사람이 많아지게 되었다. 사실 대부분의 정치인은 권력만을 위해 정치에 입문했다기보다는 정치를 통해 자신들이 추구하는 가치를 실행함으로써 정치발전에 이바지하고자 하는 동기에서 입문한다. 그러나 정치의 주요한 보상 중의 하나인 명예가 사라지고 정치가 실제로 아무 것도 이루어내지 못하는 상황에서 정치 지도자에 필요한 도덕성, 지도력, 전문성 등의 자질을 갖춘 사람들은 굳이 정치를 하려 들지 않게 된다. 그 결과 정치권에는 자질이 낮은 사람들만 남게 되고, 결국 국민의 정치불신은 더 커지게 된다.

4. 정치불신감에 대한 대책

우리 사회의 정치불신이 위험한 수위에 있고 그 결과 우리나라의 정치가 마비되고 있다면 그 불신이 비록 정치인들의 행태로 인해 비롯된 것이라 하더라도 그 피해는 고스란히 국민들에게 되돌아 올 것이기 때문에 정치에 대한 신뢰가 회복되어야 한다는 데에는 누구나 동의할 것이다. 그렇다면 이 정치 불신 문제에 대해 우리가 할 수 있는 것은 무엇인가.

첫째, 우리는 정치인들이 정치를 할 수 있도록 최소한의 지지는 보내야 한다. 그러기 위해서는 지금보다 정치에 대해 무관심하거나 무감정적인 태도를 가져야 한다.

신뢰받지 못하는 정치인이란 늑대가 나왔다고 여러 번 거짓말을 했던 양치기 소년과 다를 바 없다. 그렇지만 목장에 늑대의 위협이란 언제나 존재하는 것이다. 양치기 소년이 거짓말을 하기 때문에 소년이 늑대가 나왔다 외칠 때 마을사람들이 구하러 가지 않거나, 늑대가 나왔다 외쳐봐야 마을 사람들이 믿어줄 리 없기 때문에 양치기 소년이 늑대의 침입을 알리지 않는다면, 급기야는 늑대에게 양떼가 모두 물려죽는 사태가 벌어지고야 말 것이다. 마을 사람들에게 있어 양떼를 모두 잃는 것보다는 양치기 소년이 늑대가 나왔다고 할 때마다 믿어주는 것이 더 나은 결과를 가져올 것이다. 즉 양치기 소년을 믿는 것이 양치기 소년을 믿지 않는 것보다 더 합리적일 수 있다는 것이다. 양치기 소년을 믿지 않는 것은 정치인을 믿지 않는 것을 의미하고 곧 정치의 부재를 의미한다. 무정치의 폐해가 정치의 폐해보다 더 클 수 있으므로 차라리 정치의 폐해를 택하자는 말이다.

불신으로 인한 무정치란 법과 질서조차도 유지되지 않으며 심지어는 민주주의 자체가 붕괴될 수 있는 위험성을 내포

하고 있다. 국민적 불만과 저항에 의해 9개월의 집권기간 동안 3차례나 전면개각을 해야 했던 우리나라 제2공화국의 실패는 민주주의에서 무정치의 실패를 보여주는 대표적인 예라 할 수 있다.

둘째, 우리는 선거를 통해 정당과 정치인을 통제할 필요가 있다. 정치에 무관심하거나 무감정적이라고 해서 정치에 전혀 참여를 하지 말라는 것은 아니다. 현재 우리나라에서는 전국적으로 대통령, 국회의원, 지방자치단체의 선거가 1~2년 마다 한 번씩 있으며 여기에 6개월마다 시행되는 보궐선거를 포함하면 선거를 통해 국민의 평가를 정당과 정부에 충분히 전달할 수 있다. 만약 선거의 결과가 기대에 어긋난다 하여도 크게 실망하지 않고 본업으로 돌아가야 한다. 실제 정치권에서 먹고 사는 소위 생계형 정치인을 제외하면 대부분의 국민들에게 있어 정치는 생활에 직접적으로 큰 영향을 끼치지 못한다.

일반적으로 민주주의에서 정치가 차지하는 범위란 작고, 또 정부의 권력도 작으며, 정당들 사이에 정책의 차이나 자질의 차이가 크지 않기 때문에 특정 정당에 희망을 걸 필요도, 또 그 정당이 집권을 못했다 하여 절망을 할 필요도 없는 것이다. 더군다나, 경제성장이나 복지의 확대와 같은 보편적 가치도 정부나 정당에 의해 결정된다기보다는 그 나라의 사회경제적 수준과 같은 경제적인 요인에 의해 결정된다. 따지고 보면 집권 시 가장 지지도가 낮았던 노무현 정부도 부동산 정책을 제외하면 큰 실정을 한 것은 없으며, 안철수가 대통령이 된다 하여도 그가 획기적인 새로운 정치를 펴거나 또는 기존의 것을 더 잘 해줄 수 있는 것도 아닌 것이다.

셋째, 앞서의 소극적이고 냉소적인 자세에서 벗어나 우리는 보다 장기적이고 근본적인 해결책으로 사회적 신뢰를 높일 수 있는 방법을 모색해 볼 필요가 있다. 정치적인 신뢰도 역시 우리 사회의 신뢰를 반영하는 것이기 때문에 불신과 대립 관계에 있는 집단들 사이에 신뢰를 구축하는 방안이 좀 더 근본적인 해결책이 될 수 있을 것이다. 세대, 계층, 지역과 같은 갈등 집단 간에 상호 신뢰를 증가시킬 수 있는 방안으로 이들 집단 간의 교류를 증대시켜 협력을 강화하는 공동추진사업을 제도화하는 것 등을 생각해 볼 수 있을 것이다. 즉 교류와 협력을 통해 우리 사회의 구성원들이 서로 믿고 잘 살 수 있는 장기적인 토대가 마련되어야 한다는 것이다.

제 **4** 장

비합리적 지역주의

제4장

비합리적 지역주의

　　민주주의 국가에서 여론과 투표와 같은 일반인들의 정치참여행태에 개인의 이념이나 이익과 같은 합리적 요인보다는 습관이나 감정과 같은 비합리적 요인이 더 큰 영향을 미친다고 알려져 있다. 그러나 대부분의 국가에서는 비합리적 요인에 의한 투표의 효과는 서로 상쇄되어 선거결과에서 어느 정당이 승리하는가, 또는 어느 후보자가 당선되는가를 결정하는 데는 큰 영향을 끼치지 못한다. 예를 들어, 국민의 반 정도가 습관이나 감정에 따라 정당이나 후보자를 지지한다 하더라도 이들의 표는 다양한 정당과 후보자에게 나누어져 결과에 큰 영향을 끼치지 못한다. 만약 국민의 나머지 반이 정당과 후보자의 업적이나 능력에 따라 투표한다면 선거에서의 승패 또는 당락은 선거별로 변하지 않는 습관이나 감정보다는 선거별로 달라지는 정책이나 업적과 같은 합리적 요인에 의해 결정될 것이다.

따라서 비합리적으로 정당이나 후보자를 선택하는 국민들의 비율이 그리 크지 않다면 비합리적 요인에 의한 투표는 선거에서 큰 문제가 되는 것은 아니다. 그러나 우리나라의 경우 너무 많은 국민들이 너무 오랫동안 비합리적 지역주의에 의해 습관적으로 특정 정당이나 후보자를 지지함으로써 이익과 이념과 같은 합리적 요인이 선거결과에 미치는 영향력이 매우 작다는 데 문제가 있다.

민주화 이후에 한국 선거와 정당정치에 나타난 가장 중요한 특성은 국민의 지역주의적 투표와 정당지지의 결과로 나타나는 지역균열이다. 지역균열이란 선거에서 특정정당을 지지하는 사람들이 전국적으로 고르게 분포되어 있는 것이 아니라 특정 지역에 편중되어 있는 현상을 말한다. 예를 들어 어떤 정당이 국민 30%의 지지를 받는다고 하면 우리는 보통 어느 지역에서나 그 정당의 지지가 30% 내외일 것이라고 생각한다. 물론 그 정당이 어떤 정책을 내거는지에 따라, 예를 들면 그 정당이 서민층이 좋아하는 정책을 표방하는지, 또는 부유층이 좋아하는 정책을 표방하는지에 따라, 그 정당에 대한 지지가 서민층 거주지역과 부유층 거주지역에서 다르리라고 생각할 수는 있다. 하지만 광역시, 또는 도와 같은 큰 규모의 행정구역에는 이러한 서민층과 부유층 거주지역이 모두 포함되어 있으므로 크게 보았을 때 30% 지지율이 전국의 모든 도나 광역시에서 유지될 것이라고 생각하기 쉬운 것이다. 그러나 지역균열이 있을 때 30% 정도의 인구를 가진 지역에서 그 정당이 절대적인 지지를 받고, 그 밖의 지역에서는 미미한 정도의 지지를 받는 것을 볼 수 있다. 정당 지지와 선거에서 이러한 특정지역 편중현상이 나타나는 것이 민주화 이후 한국정치의 특성이 되었다.

지역주의 선거균열은 흔하지는 않지만 캐나다, 영국, 벨기에 등에서도 나타나고 있다는 점에서 한국의 지역균열이 예외적이라고 할 수는 없다. 그러나 이들 국가와 한국의 지역

〈표 4-1〉	대선 후보자 영호남 득표율(1992~2012)								
지역	14대 (1992)		15대 (1997)		16대 (2002)		17대 (2007)		18대 (2012)	
	김영삼	김대중	이회창	김대중	이회창	노무현	이명박	정동영	박근혜	문재인
호남	4.3	91.9	3.3	94.4	4.9	93.2	9.0	80.0	10.5	89.0
영남	67.7	10.3	59.1	13.5	69.4	25.8	62.4	10.3	68.9	30.7

* 자료: 역대 대통령선거총람, 중앙선거관리위원회

균열은 적어도 두 가지 측면에서 뚜렷한 차이를 보인다. 첫째는 한국의 지역균열, 특히 영호남 사이에 나타나는 지역균열은 이들 나라에서 나타나는 지역균열보다 두 배 이상의 강도로 나타난다는 것이다. 사실 영남과 호남과 같은 넓은 지역에서 특정 정당에게 90%에 가깝거나 또는 그 이상의 지지를 보낸다는 것은 매우 예외적이다. 또 이들 서구국가의 지역균열은 주로 인종, 언어, 종교 등의 문화적 차이에서 나타나는 것이라는 점에서 지역감정이나 정치적 동원 등을 원인으로 나타나는 우리나라의 지역균열과는 크게 다르다.

민주화 이전의 선거에서는 '여촌야도'라 불리는 선거균열이 지배적이었다. 민주주의를 원하는 젊고 교육수준이 높은 사람들이 많이 거주하는 도시지역에서는 야당의 지지가 많았던 반면 민주주의보다는 경제성장, 법과 질서, 반공 등을 더 선호했던 나이가 많고 교육수준이 낮은 사람들이 많이 거주하는 농촌에서는 여당에 대한 지지가 더 많았다. 여당은 농촌에서, 야당은 도시에서 지지율이 높은 이러한 여촌야도 현상은 민주화 이후 사실상 소멸하게 되었다.

민주화 이후 지역주의의 등장으로 인해 한국정당과 선거에 있어서 출신지에 따른 4대 지역, 특히 영남과 호남의 양대 지역은 정당의 지지기반이자 유권자의 투표결정 기준이 되고 말았다. 정당지지와 투표결정을 설명해주는 변수 중 가장 영향력이 큰 유일한 변수인 지역주의가 어떻게 등장하게 되었는지, 그리고 왜 아직도 지속되고 있는지, 그리고 이러한 지역주의가 우리 정치에 어떠한 영향을 미치는지에 대해서는 다양한 주장이 존재하지만 그 경험적 증거는 대부분 단편적이다. 여기서는 지역주의가 우리 사회에 어떠한 양상으로 존재하고 있는지, 그리고 그 원인, 폐해, 대책은 무엇인지 알아보려고 한다.

1. 지역주의의 양상

민주화 이후 지역은 국민의 정당지지와 투표결정에 가장 큰 영향을 미치는 유일한 변수였다. 2000년대에 등장한 이념을 제외하면 개인의 출신지역 또는 거주지역 이외의 그 어떤 변수도 투표와 정당지지에 영향을 끼치지 못하였다. 잘 사는 사람이나 못 사는 사람, 교육을 많이 받은 사람이나 적게 받은 사람, 도시에 사는 사람이나 농촌에 사는 사람, 남성과 여성, 중산층과 노동자 사이에서는 정당지지나 투표행태에 있어서의 차이를 발견할 수 없는 반면 개인의 출신지역이나 거주지역에 따라 정당지지는 크게 다르게 나타나고 있다.

지역주의는 정당지지와 투표결정 이외에도 거의 모든 정책과 이슈에 대한 태도에 큰 영향을 미친다. 다시 말해 정부의 정책이나 야당의 대안 또는 사회경제적인 이슈에 대한 태도는 지역에 따라 크게 다르게 나타난다. 예를 들어, 4대강 사업에 대한 찬성과 반대가 영남인과 호남인들 사이에 극명하게 다르며, 세월호 참사의 책임소재에 관한 태도도 지역별로 크게 다르게 나타난다.

좀 더 중요한 지역주의의 양상은 개인의 출신지역 또는 거주지역이 정치적 정향과 태도 중에 가장 중심적인 정당일체감을 결정한다는 것이다. 정당일체감이란 정당귀속감으로도 불리는데 이는 개인이 특정 정당에 대해서 어릴 때부터 갖게 되는 일체감을 말하며, 이는 주로 감정과 습관이 혼합되어 있는 형태로 다른 정향과 태도에 큰 영향을 미친다. 특히 정당일체감은 개인으로 하여금 특정 정당이 내세우는 정책을 좋아하기 때문에 그 정당을 지지하는 것이 아니라, 그 정당을 좋아하기 때문에 그 정당의 정책을 지지하게 한다. 정치인의 자질이나 능력에 대한 평가 역시 마찬가지이다. 자신이 좋아하는 정당의 후보자에 대해서는 도덕성과 전문성을 높게 평가하는 반면 자신이 싫어하는 정당의 후보자는 낮게 평가하는 것이다.

◑ 정당일체감(party identification)

정당일체감이란 개인이 특정정당에 대해 갖는 감정적인 유착상태를 나타내는 말로서 정당귀속감이라고도 불린다. 일반적으로 세 가지 특징이 있는데 하나는 아주 어릴 때 부모로부터 배운다는 것이고, 둘째는 한번 형성된 정당일체감은 특별한 경우를 제외하고는 일생 동안 지속된다는 것이며, 끝으로 가장 중요한 것은 정치적 태도 중에서 가장 중심이 되는 정향으로 다른 이슈에 대한 태도를 결정한다는 것이다. 콘버스(Philip Converse)를 비롯한 소위 미시간 학파에 의해 주장된 개념으로서 선거에서 투표정당을 결정할 뿐 아니라 이슈와 후보자의 평가에도 큰 영향을 미친다고 알려져 있다. 1970년대 이후, 정당일체감을 가진 사람의 수와 그 영향력이 약화되었다는 주장과 비 서구국가에서는 정당에 대한 긍정적 감정보다는 부정적 감정이 더 크기 때문에 정당일체감으로 부를 수 없다는 주장도 있다. 그러나 기본적으로 변하지 않는 당파적 태도로서의 정당일체감은 아직도 투표선택이나 정당지지 결정에 가장 큰 영향력을 미친다고 알려져 있다. 일반적으로 감정이나 습관에 의한 것이라고 하여 비합리적인 정향이라고 받아들여지지만 보통사람들이 해석하기 어려운 정보를 대신 해석해주고 정치에 무관심한 사람들이 투표와 같은 정치적 행위를 선택하는 데 있어 효과적이며 효율적인 길잡이가 된다고 하여 합리적이라는 주장도 제기된다.

이렇게 영향력이 강한 정당일체감은 투표나 정당지지는 물론 모든 정치적 이슈에 대한 태도나 정향에 있어서 개인으로 하여금 정당의 태도나 정향을 추종하게 하는데 이러한 정당일체감이 주로 지역에 의해 결정되고 있다는 것은 지역주의가 이미 한국정치문화의 중심적 정향이 되었음을 보여준다.

2. 지역주의의 원인

1987년 폭발적으로 등장하여 지배적 투표결정 요인으로 자리를 잡은 지역주의적 투표현상을 민주화 이전에 예측한 연구는 없었다. 예측하지 못한 지역균열의 급격한 등장 이후, 산업화 과정에서의 지역 간의 불균등한 발전, 전통적인 고정관념과 편견, 3김씨와 같은 대중적 지도자의 지역주의적 지지동원이라는 세 가지 측면에서 지역주의의 원인을 설명해 왔지만 아직까지 이 세 가지 원인에 대한 엄격한 과학적인 검증작업의 수는 그리 많지 않다.

첫째, 사회경제적 격차론에서는 지역주의가 정당이나 선거보다는 좀 더 근본적인 이유, 즉 산업화 과정에서의 불균등한 지역발전으로 인해 나타났다고 본다. 또 하나 이와 연관되어 지역주의의 원인으로 지적되는 것은 인사정책에 있어서 엘리트의 충원이 주로 영남지역에 편중되었다는 것이다. 즉 고위 관료 등이 영남에 편중되었고 이로 인해 영남과 호남 간에 경제발전의 격차가 생겨났다고 보는 것이다. 물론 영남을 기반으로 하는 박정희 정부의 정부주도형 경제성장 정책의 결과 영호남의 격차가 크게 벌어진 것은 사실이며, 또한 인사정책에서도 영남지방이 혜택을 받았던 것도 사실이다. 그렇지만 사실 가장 발전한 지역은 영남이라기보다는 서울·경기 지역이며, 충청과 강원도의 소외 정도도 호남만큼이나 크고, 영호남 간의 격차보다는 서울·경기와 다른 지역 간의 격차가 훨씬 더 크다. 그렇다면 호남출신들의 상대적 박탈감에서가 아니라면 사회경제적 격차론을 객관적으로 입증할 증거는 없는 셈이 된다.

서울·경기 및 영남지역이 발전하게 된 것은 일제시대 식민지 정책에서 비롯된 지역개발정책이 한국전쟁을 거쳐 더 강화되었기 때문이라고 보는 의견에도 일리가 있는 듯하다. 정치사회적 엘리트 충원 문제에 있어서도 영남출신의 우대가 두드러지는 것은 사실이지만, 지역 간 인구비율을 감안하거나, 지역 간에 사회경제적 발전이 불균등하게 이루어짐으로 인해 엘리트의 자기 발전 기회도 불균등하게 분포되었을

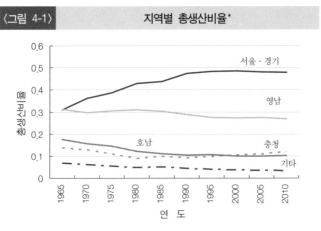

〈그림 4-1〉 지역별 총생산비율*

* 전국에서 각 지역이 차지하는 비율
  1965~1980 자료는 허문구 외(2004); 1985~2010 자료는 통계청

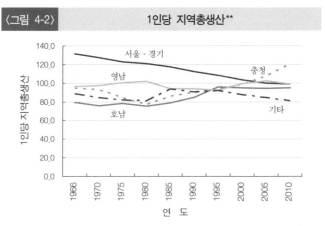

〈그림 4-2〉 1인당 지역총생산**

** 전국평균을 100으로 했을 때의 지수
   1966~1980 자료는 허문구 외(2004); 1985~2010 자료는 통계청
   1965년 인구센서스 자료 부재로 1966년 1인당 지역총생산 계산

것을 생각하면 영남출신만이 혜택을 받고 호남출신만이 불이익을 받았다고 말하기는 좀 어렵다. 충청지역도 호남지역에 근접할 정도의 차별을 받았으며, 엘리트의 영남 편중 현상은 5공화국과 지역주의가 고착된 이후의 6공화국에서 오히려 더 두드러진 현상이었다.

두 번째 고정관념과 편견의 결과인 지역감정으로 지역주의가 등장했다고 본다. 우리나라 사람들은 대개 자신의 출신지역 사람들에 비해 타 지역 사람들을 부정적으로 보는 경향이 있지만 이러한 편견은 그 대상이 호남지역 출신일 때 특히 더 강하다. 호남에 대한 부정적 인식은 고려시대부터 싹트기 시작했다는데 조선시대를 거쳐 이러한 인식이 확대되고, 산업화 시기 무렵에는 호남인에 대한 부정적 평가가 일반인에게도 널리 퍼지게 되었다. 이러한 부정적 인식은 가정에서의 사회화 과정 등을 통해 어린 시절에 습득되어 고착되고 있다.

그러나 지역 간의 거리감에 대한 연구를 살펴보면 호남이 타 지역에 비해 부정적으로 인식되는 것은 사실이지만 그 부정의 강도를 혐오수준이라고 보는 것은 지나친 과장이라는 것을 알 수 있다. 또한 영호남인 간에 특별한 지역감정도 존재하지 않는 것으로 나타났다. 그렇다면 지역민들 간에 서로 싫어하고 갈등을 일으킬 지역감정이라고 할 만한 것이 없는

〈표 4-2〉	지역인 상호간의 호오도							
응답자 지역	대상지역인							
	서울		충청		전라		경상	
	김혜숙	김진국	김혜숙	김진국	김혜숙	김진국	김혜숙	김진국
서울	6.71	59.3	5.81	56.0	3.74	48.8	6.16	60.4
충청	5.31	57.0	7.63	58.9	4.34	45.6	6.28	66.0
전라	5.44	53.1	5.93	55.8	7.40	61.5	5.12	58.3
경상	5.09	56.7	6.50	59.0	4.63	49.8	7.85	66.7
평균	5.64	56.5	6.47	57.4	5.03	51.4	6.35	62.8
외집단 평균	5.28	55.6	6.08	56.9	4.24	48.1	5.85	61.6

김혜숙(1989)과 김진국(1989)의 연구에서 나타난 한국인의 내집단(응답자와 같은 지역출신인) 선호도와 외집단(응답자와 다른 지역출신인) 선호도. 김혜숙은 1(아주 싫어한다)에서 9(아주 좋아한다)의 척도를 사용하였으며, 김진국은 0에서 100까지의 척도를 사용하였음. 외집단 평균은 대상지역과 동일한 지역의 응답자 점수를 제거한 후의 평균임. 이갑윤(1997) p.50에서 재인용

데 왜 지역균열이 나타나고 있는가? 그 이유로 정치적 동원론을 들 수 있다.

지역주의 등장에 대한 세 번째 원인인 정치적 동원론은 지역주의가 대중적 지도자인 3김씨의 정치적 동원에 의해 대두되었다고 본다. 1987년의 13대 대통령 선거를 앞두고 양김씨는 야권후보 단일화를 하려고 노력하는 과정에서 출신

지역민들의 높은 지지를 받고 있었다. 대권을 둘러싼 양김씨의 대립과 아울러 영남출신 의원들로 이루어진 김영삼 파벌과 호남출신 의원들로 구성된 김대중 파벌의 대립은 영호남 지역감정의 대립으로 이어지게 되었다. 13대 대선을 앞두고 김대중이 탈당을 하여 대선출마를 하면서 영남과 호남 간에 극화된 지역감정은 경북·경남·전라·충청 등 4명의 대선 후보자들의 출신지역 간의 대립으로 확대되었으며, 출신지역에 대한 3김씨의 지지호소와 지역민들의 지역출신 후보에 대한 지지가 서로 맞물리고 상승작용을 하여 대통령 선거에서 지역균열이 극명하게 드러나게 되었고 그 이후 치러진 13대 총선에서는 지역에 기반을 둔 4당 체제가 수립되고야 말았다.

정치적 동원론은 민주화 이후에 왜 지역감정이 폭발적으로 등장했는지에 대해 어느 정도 설명을 해준다. 당시 오랫동안 대중에 큰 정치적 영향력을 행사해왔던 노련한 3김씨가 지역민에게 지지를 호소함에 따라 지역감정이 열기를 띠었고, 1987년 당시 민주화를 이루어낸 시민들이 정치에 감정적으로 몰두해 있었기 때문에 이러한 지역감정이 폭발적으로 확산될 수 있었던 것으로 보인다. 그렇지만 이 동원론으로는 아무런 사회적 문화적 기반 없이 지역균열이 계속 지속되고 있다는 것을 설명하기가 어렵다.

우리나라에서의 지역주의 대두를 올바로 이해하기 위해서는 민주화 과정의 전개에 대한 이해가 필요하다. 권위주의 정부가 6.29 선언으로 민주주의를 수용하게 되자 그때까지의 민주화를 둘러싼 정당 간 갈등이 해소되게 된다. 지지 세력의 크기와 정체성에 있어서 영호남 지역을 대표하는 양김씨는 서로 대통령이 되기 위해 후보자 단일화에 적극적이지 않았으며, 특히 김대중 후보의 경우에는 자신들이 동시 출마할 경우 단독 출마할 때보다 노태우 후보를 이길 가능성이 크다고 생각했었다. 이에 따른 김대중의 탈당과 출마, 양김씨의 지역주의적 지지 동원, 이와 더불어 충청권을 대표하는 김종필의 선거참여가 지역민들의 출신지역 후보자에 대한 열렬한 지지를 가져왔다.

이들 후보자들이 다른 후보와 차별화하여 지지를 동원하는 방법은 출신 지역민들에게 대한 지역주의적 호소밖에는 없었고, 모든 후보자들이 민주화를 선거공약으로 제시함으로써 국민들에게는 그들의 출신지역 이외에는 후보자들을 차별화할 수 있는 방법이 없었다. 따라서 후보자와 후보자의 출신지역민이 선거에서 연합하는 선거연합이 결성되었다. 이렇게 한번 형성된 선거연합은 대선 이후 시행된 1988년의 총선을 거치면서 후보자와 지역의 연합으로부터 정당과 지역의 연합으로 바뀌어 그 이후 지지동원과 지역대표라고 하는 이해관계에 따른 선거연합이 지속되게 되었던 것이다. 이렇게 민주화라고 하는 정치적 위기 상황에 극적으로 형성된 정당과 지역 간의 지역연합은 대표적인 균열이론가인 립셋

◯ 균열론

현대 정치학의 발전에 가장 큰 영향을 미친 집단 이론에 의하면, 정치란 기본적으로 집단적 현상이며, 사회·경제적 변동에 따라 다양한 집단들이 등장하고 이들 집단의 이익, 이념, 문화 등이 서로 경쟁하고 갈등을 빚으면서 정치를 형성하게 된다고 한다. 립셋(Seymour Lipset)과 로칸(Stein Rokkan)은 집단이론을 선거에 적용해 서구 민주주의 국가의 선거 과정에서 나타나는 기본적인 인구사회학적 균열은 ① 중심부-주변부의 균열, ② 국가-교회의 균열, ③ 도시-농촌의 균열, ④ 고용주-노동자계급의 균열을 반영하여 형성되었다고 한다. 즉 이들 사회집단들 간의 갈등이 선거에서 정당들의 지지극대화 노력에 의해 동원되는 과정에서 사회집단과 정당 간의 선거연합이 형성되고, 그것이 결빙되어 지속적인 선거균열을 만들어 내게 되었다는 것이다. 지금 현재 서구에서 나타나고 있는 계급이나 종교에 따른 균열은 사실상 200~300년의 역사를 가진 과거의 균열에 지나지 않는데 이것이 지금까지 지속되는 이유는 노조나 종교단체와 같은 사회적 조직에 대한 일체감이나 집단충성심 등을 통해 계속 다음 세대로 전이되기 때문에 아직까지 가장 중요한 균열이 되고 있다는 것이다.

(Seymour Lipset)과 로칸(Stein Rokkan)이 말하는 것과 같이 위기상황에서 결빙되어 지금까지 지속되게 되었다고 볼 수 있다.

한국인의 지역갈등에 대한 여론조사결과를 활용한 최근의 연구에서는 개인의 지역주의 투표결정에 앞의 3가지 원인을 포함한 여러 가지 요인이 작용한다고 보고 각 요인이 지역투표 결정에 어떤 영향력을 미치는지 알아보았다. 그 결과 특정지역민에 대한 호감도와 같은 지역감정이 제일 영향력이 크게 나타났고, 그 다음이 김영삼, 김대중에 대한 평가, 즉 성치적 동원의 순이며 가장 영향력이 작은 변수는 지역발전에 대한 기대 등과 같은 사회경제적 요인인 것으로 밝혀졌다. 여기서 한 가지 주목해야 할 사실은 특정지역민에 대한 호감도가 단순히 영호남인에만 국한된 것이 아니라는 것이다. 즉 서울·경기, 충청지역민도 영남과 호남에 대한 호감도에 따라 투표를 한다는 점이다. 다시 말해 영남인보다 호남인을 좋아하는 수도권 출신 사람은 민주당계의 당을, 호남인보다 영남인을 좋아하는 사람은 한나라당계의 당을 지지한다는 것이다.

3. 지역주의의 폐해

그렇다면 지역주의의 폐해는 무엇인가?

먼저, 지역주의하에서의 민주적 통제의 상실을 들 수 있다.

민주주의에서 선거는 정당과 현 정부에 대한 보상과 처벌의 기능을 하는 것이 정상이다. 정부와 여당이 잘했을 경우에는 여당을 지지하여 계속 집권하게 하지만 실패하였을 경우에는 야당을 승리하게 함으로써 정권교체를 가져온다. 이러한 보상과 처벌에 따라 어떤 정당이 여당이 되었건 국민의 요구와 기대를 만족시키고자 최선의 노력을 다하게 된다.

그러나 지역균열하에서는 정당과 정부에 대한 지지가 정책의 내용이나 성공여부에 대한 평가와 상관없이 지역에 따라 결정되고 만다. 이렇게 정책의 내용이나 성과와 관계없이 지지가 결정된다면 정당은 지지극대화를 위한 정책적 노력의 필요성을 느끼지 못하기 때문에 최선의 노력을 하지 않게 된다. 그렇기 때문에 정당과 정부의 정책이나 업적이 한국의 선거결과에 미치는 영향은 크지 않다. 후보자의 개인적 자질이 선거결과에 큰 영향을 미치지 못하고 있는 1990년 이후의 국회의원 선거에서 지역별 득표율과 전국 득표율이 탄핵

선거였던 2004년의 총선을 제외한다면 별로 변하지 않았다
는 것은 이를 잘 반영한다고 하겠다.

또한 지지의 기반이 일정 지역에 국한되어 있을 때 정권을
잡은 여당과 정부의 정당성은 약화되게 된다. 역대 대통령들
이 집권 후 지역주의 해소 노력을 해왔던 것은 정당성 회복

〈표 4-3〉	국회의원 선거 지역별 득표율 vs. 전국 득표율									
	서울·경기		충청		호남		영남		전국	
	한나라당계	민주당계	한나라당계	민주당계	한나라당계	민주당계	한나라당계	민주당계	한나라당계	민주당계
14대 (1992)	35.5	34.8	40.1	22.6	24.4	62.1	48.5	11.8	38.5	29.2
15대 (1996)	35.4	31.7	27.8	8.4	17.6	71.6	42.4	3.7	34.5	25.3
16대 (2000)	41.4	42.9	23.2	30.0	3.7	66.8	56.0	13.1	39.0	35.9
17대 (2004)	40.8	44.3	23.0	44.5	0.4	55.0	52.4	32.0	37.9	42.0
18대 (2008)	49.2	36.2	32.4	23.8	6.5	60.3	53.1	6.2	43.7	29.1
19대 (2012)	45.5	44.5	39.8	35.8	5.4	53.1	54.1	20.1	43.3	37.9

한나라당계: 14대 민주자유당, 15대 신한국당, 16대~18대 한나라당, 19대 새누리당
민주당계: 14대 민주당, 15대 새정치국민회의, 16대 새천년민주당, 17대 열린우리
당, 18대 통합민주당, 19대 민주통합당

⬡ 낙천낙선운동

2000년 제16대 국회의원 선거를 앞두고 참여연대, 환경운동연합, 한국여성단체연합 등을 주축으로 1,104개의 시민단체가 '총선시민연대'라는 이름으로 발족하였다. 이들은 총 86명의 낙선대상자 명단을 발표하고 이들 후보자를 떨어뜨리기 위한 낙선운동을 감행하였다. 국민의 80%가 이 운동을 지지하였으며, 66명의 낙선대상자, 22명의 낙선대상자 중 낙천율 43.1%, 낙선율 68.6%라는 좋은 결과를 보여 매우 성공적이라는 평가를 받았다. 부정부패, 권위주의 과거경력, 선거법 위반, 지역주의 선동 등의 전력이 있는 22명의 집중 낙선 대상자 중 15명이 낙선하였고, 특히 수도권에서는 20명의 낙선대상자가 무더기로 떨어지게 되었다. 그러나 이 낙천낙선운동은 선거운동법 위반선고를 받았고, 헌법재판소는 낙선운동을 금지한 선거법 조항을 합헌으로 규정하였다. 낙천낙선운동은 2004년에도 전개된 바 있으나, 선거운동법 위반논란을 피하기 위해 온라인 운동에 집중했으며 2000년의 운동만큼 성공적이지는 못했다. 이 운동에 대한 시각은 엇갈려서 이 운동이 정치권의 실패에 대한 시민의 자발적인 참여운동이고, 이에 대해 많은 국민이 지지를 보냈다는 점 등을 들어 이를 참여민주주의의 승리라고 보는 사람들이 많았으나, 그 반면 이 운동이 보수적인 후보를 낙천 낙선시키기 위한 진보적인 단체들의 정당일체감에서 나온 것이라는 주장, 또한 정당이나 지역의 효과를 제외하면 실제 낙천은 말할 것도 없고, 낙선에도 큰 영향을 끼치지 못했다는 주장들도 제기된다.

노력의 하나라고 볼 수 있다. 지역주의가 가져오는 폐해 중 또 하나로 여론이 정당에 종속되게 되는 문제가 있다. 지역에 따라 결정되는 정당일체감 때문에 자율적으로 형성되어야 할 여론이 정치권에 의해 결정된다는 것이다. 예를 들어, 호남인들은 햇볕정책에 대해 지지를 보내는 민주당의 입장을 받아들이고, 영남인들은 이에 대해 반대를 하는 한나라당의 입장을 그대로 받아들인 결과, 영호남인들이 보여주는 햇볕정책에 대한 태도는 정치권의 복사판에 불과하다는 것이다.

국회의원 선거에서 후보자의 개인적 자질과 능력이 투표 결정에 큰 영향을 못 미치는 이유가 후보자에 대한 정보가 부족해서만은 아니다. 정당의 입장에서 지역주의에 의해 선거구의 정당지지가 결정된다면 그들은 선거에서의 승리를 위해 후보자의 자질이나 능력을 고려할 필요가 없게 된다. 국민의 큰 성원을 받았던 2000년의 낙천낙선운동이 영호남 지역에서 거의 효과가 없었던 것도 지역주의적 투표성향 때문이다.

두 번째로 정당정치의 파행을 들 수 있다. 정당에 대한 지지가 출신지역에 따라 결정되는 지역주의하에서 정당은 국민의 지지를 받는 정책을 개발하고 이를 성공적으로 수행하여 지지극대화를 추구하기보다는 지역연합, 또는 지역분열 등의 지역주의 전략을 통해 선거에서의 승리를 추구하게 된

◯ 영남후보론

2002년 새천년민주당의 대통령 지명과정에서 영남출신 후보자들이 제기한 주장으로 실제 대통령 선거에서의 민주당 대통령 후보로는 영남출신의 후보자가 기타 지역출신의 후보자보다 더 경쟁력이 있다는 주장이다. 영남출신 유권자의 약 2/3에 불과한 호남출신 유권자들의 수를 감안하면, 영남인과 호남인만의 지지로 대결을 할 경우 한나라당 후보가 훨씬 당선가능성이 높다는 것이다. 그렇기 때문에 영남유권자를 분열시키기 위해서 영남유권자들이 차별할 수 없는 영남출신 후보자를 민주당이 공천한다면 훨씬 더 당선가능성이 높아진다는 것이다. 당시 민주당은 국민경선제로 대통령 선거 후보를 선출하였는데, 국민경선제 이전 민주당 부동의 1위는 이인제였지만 당시에 한나라당의 대통령 후보인 이회창에게는 크게 뒤지고 있었다. 그러나 새천년민주당 군소후보인 영남출신 노무현이 민주당 후보로 나올 경우, 한나라당 이회창에게 이길 수 있다는 여론 조사 결과가 나오면서 그의 지지율이 올라갔고, 핵심 경선지인 광주에서 승리할 수 있었다. 광주 이후 노무현 후보는 거의 전 지역을 석권해서 서울 경선에서 새천년민주당의 제16대 대통령 선거 후보로 공식 선출되었으며, 대선에서 이회창 후보를 57만 표로 이기고 16대 대통령으로 당선되었다. 이러한 노무현의 성공은 영남후보론이라고 하는 정치공학적 계산이 지지를 극대화하는 데 성공한 사례라고 할 수 있다.

다. 그 이유는 지역에 의해 정당과 후보자의 지지가 결정되는 한에 있어서는 정책내용과 업적이 투표결정에 별 영향을 미치지 못하기 때문이다. 따라서 영남지역 정당과 호남지역 정당은 경쟁적으로 충청지역과 연합함으로써 상대지역을 포위하려고 하거나, 상대지역 출신의 후보자를 내세움으로써 상대지역을 분열케 하여 선거에서 승리하려고 한다. 1990년의 3당 합당, 1997년의 DJP 연합, 2002년의 노무현의 영남후보론과 수도이전공약 등이 그러한 예이다. 이러한 결과 지금까지 영호남을 제외한 지역에서 유력한 대통령 후보자가 등장하지 않았을뿐더러 호남지역 정당의 대통령 후보로 두 명의 영남출신 후보가 선택되는 아이러니도 있었다. 결과적으로 국민의 지역주의를 이용해 선거에서 승리하기 위해 정당은 국민이 원하는 정책과 자질 있는 지도자를 지명하기보다 이길 수 있는 지역연합을 가져올 수 있는 정책이나 후보자의 출신지역을 고려하여 후보자를 선택하게 된다.

마지막으로 지역주의로 인해 지역균열이 우리나라 선거에 있어 지배적인 균열이 되다 보니 이로 인해서 여타의 주요 균열이 표출되지 못한다는 폐해가 있다. 정당들은 특성상 기존의 주요 사회 균열 중 자신들의 권력 극대화를 위해 정치적으로 동원할 수 있는 균열만을 정치적으로 표출하고 때로는 미미한 균열을 주요 균열로 조장하기까지 하지만, 자신들의 지지극대화에 도움이 되지 않는 균열들은 정치적으로 표출하지 않는다. 사실 우리나라에서 부자와 가난한 사람, 노동자와 기업가, 기성세대와 신세대, 수도권과 지방 사이의 갈등이 영남과 호남 사이의 갈등보다 더 심각한 갈등이라고 여겨지고 있다. 그럼에도 불구하고 이러한 갈등들이 정당과 정치권에서 표출되지 않는 것은 기존의 영호남 간의 갈등에 의존해 안정된 지지와 의석을 확보할 수 있는 정당과 정치인에게는 이들 갈등의 표출이 큰 도움이 되지 않기 때문이라고 할 수 있다. 그렇기 때문에 지역주의의 약화는 이러한 갈등

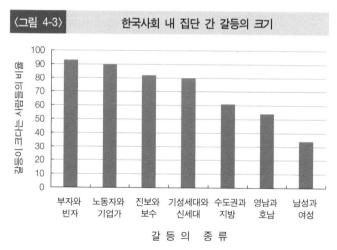

〈그림 4-3〉 **한국사회 내 집단 간 갈등의 크기**

(세로축) 갈등이 크다는 사람들의 비율

(가로축) 갈 등 의 종 류

부자와 빈자 / 노동자와 기업가 / 진보와 보수 / 기성세대와 신세대 / 수도권과 지방 / 영남과 호남 / 남성과 여성

* 자료: 서강대 현대정치연구소, 2012년 한국사회갈등조사

들이 정당과 정치권에서 표출될 수 있는 기회를 제공해 줄
수 있다고 하겠다.

4. 지역주의에 대한 대책

　　비합리적 지역주의의 양상과 원인, 그리고 그 폐해가
어떻게 나타나는지를 살펴보았다. 그렇다면 이러한 비합리
적 지역주의에 대해 우리가 할 수 있는 것은 무엇인가?

　첫 번째로 우리가 가장 먼저 해야 할 것은 지역주의의 폐
해를 인식하고 지역주의를 줄일 수 있도록 끊임없이 우리 자
신을 일깨워야 한다는 것이다. 정치를 불신하고 부정적으로
보는 언론조차도 지역균열에 대해서는 더 이상 비판하기보
다는 운명적으로 받아들이는 경향이 있다. 지역주의는 모른
척한다고 저절로 없어지는 것이 아니다. 왜냐하면 민주화 이
후 한국인의 대부분은 지역주의 투표라는 습관을 가지게 되
었으며, 이는 지역 갈등의 원인이라고 비판받던 3김씨가 은
퇴한 이후에도 지속되고 있기 때문이다.

　지역주의의 문제는 정당과 대의원이 국민에게 책임을 지

는 것을 전제로 하는 민주주의가 이루어지지 않게 한다는 것이다. 정당과 정치인들은 지역균열을 조장하는 전략을 사용함으로써 정책에 대한 책임에서 자유로워지고, 여론 또한 자신들이 결정하므로 국민에 대한 책임에서도 자유로워진다. 또한 우리 사회에서 시급히 논의되고 해결되어야 할 여러 균열 이슈들이 해결은커녕 표출조차 되지 않으므로 이러한 문제가 한계에 달하면 사회가 갈라질 우려가 있다는 것을 인식해야 한다. 이러한 폐해를 인식하면 탈지역주의 또는 반지역주의를 추구할 필요성은 자연히 인식될 것이다. 지역주의 탈피, 또는 반 지역주의의 추구과정에서는 지역대립의 조장을 엄격히 배격하고, 이에 대한 무관심이나 소극적 수용도 엄격히 배격해야만 할 것이다.

이에 관한 교훈을 우리는 미국사회의 인권문제 대처방법에서 얻을 수 있을 것이다. 미국의 경우, 초등에서 대학까지의 학교뿐 아니라 기업들에서도 가능한 한 다양한 배경을 가진 구성원으로 형성된 사회를 이루는 것을 주요 목표로 삼는다. 어렸을 때부터 다문화적인 환경에서 인종, 성별, 종교, 성적 정체성 등에 있어서의 차이는 차이점일 뿐이지, 틀린 것은 아니라는 경험을 하게 하여, 사회에 내재한 여러 편견을 타파하는 교육을 끊임없이 시킨다. 이러한 교육의 결과 흑인에 대한 편견이 많이 사라졌으며 그것을 가장 극적으로 표현한 사례로 오바마가 미국 44대 대통령으로 당선되고 또 재선되었다는 것을 들 수 있다.

두 번째로 우리가 할 수 있는 것은 지역에 따른 정당일체감을 가지지 않도록 노력하는 것이다. 즉 선호하는 정당이라고 무조건적으로 지지하고 비선호하는 정당이라고 무조건적으로 반대하는 것이 아니라, 정당과 후보자의 정책내용과 정책능력에 따른 평가를 하도록 하는 것이다. 서구에서의 정당일체감은 스포츠에 있어서의 팬 의식과 비슷하다는 말을 한다. 승부에서는 열광하지만 일단 경기가 끝나면 다음 시즌을 기다리는 것과 같은 건전한 팬 의식을 함양해야 한다. 그렇기 때문에 정당에 지나친 충성심을 보이거나 특정 지도자를 우상시할 필요도, 또 그 반대로 적개심을 보이거나 비하할 필요도 없다.

사실 우리 개개인이 중요하게 생각하는 건강, 가족, 돈, 직업, 여가에 정당이나 정부가 미치는 영향력은 매우 작다. 우리의 정당지지도 스포츠팀을 응원하는 그런 수준에서 멈춰야 한다. 우리가 삼성 라이온즈나 KIA 타이거즈를 응원한다고 해서 삼성이나 기아라는 회사를 좋아하는 것은 아니며, 우리가 애플의 아이폰이나 삼성의 갤럭시폰을 좋아한다고 해서 애플 CEO나 삼성 CEO를 좋아하는 것도, 이들 기업의 비즈니스 행태를 좋아하는 것도 아니다. 그러니 정당에 대해서도 야구팀 응원하듯 스포츠 수준에서 응원을 보내고 선거 때에는 정당과 후보자의 정책내용과 능력에 따라 평가를 해야 한다.

여기서 중요한 것은 편파성에 따른 주관적 평가를 배격하고, 평가의 객관적 근거를 확보하는 노력이 필요하다는 것이다. 이는 영남과 호남에만 국한된 사항이 아니다. 앞서 언급되었듯 서울과 경기에서도 정책과 지도자에 대한 선호도가 특정지역에 대한 호감에 의해 결정될 수 있으므로 모든 투표자들이 정책의 내용이나 성과와 같은 객관적 기준에 의해 정당과 후보자에 대한 평가를 하여야 한다. 이러한 객관적 평가를 위한 하나의 방법은 어느 정당도 습관적으로 지지하지 않는 무당파적인 태도라고 하겠다. 현재 우리나라 유권자의 반 정도가 무당파라고 알려져 있는데 지역감정에 의거한 무조건적 정당지지를 개선하기 위해서는 이러한 무당파 유권자의 비율이 더 높아지는 것도 바람직하다 하겠다.

세 번째로 우리가 할 수 있는 것은 이익투표를 하는 것이다. 이익이라고 하는 것이 반드시 투표자 자신의 이기적 이익만을 말하는 것은 아니지만 이기적 이익에 따른 투표라 해도 나쁠 이유가 없다. 사실 민주주의하에서 정부가 정책을 통해 다수의 이기적 이익을 만족시켜 지지를 얻는다면 그것은 결코 나쁜 것이 아니다. 대표적 이익투표로 경제투표가 있는데 경제가 잘되면 여당을 지지하고, 경제가 나쁘면 야당을 지지한다는 단순한 투표성향으로 이는 현대 민주주의 국가의 반 이상에서 나타나고 있다. 판단기준이 개인적 경제상황이건 국가전반적인 상황이건, 또는 선거 전까지의 경제상황이건 혹은 선거 후의 경제 전망이건 간에 경제투표는 투표자가 가장 중요하게 여기는 경제에 있어서 정부의 책임 있는 정책을 이끌어 낼 것이므로 나쁠 이유가 없는 것이다.

조심해야 할 것은 경제의 평가조차도 정당일체감에 의해 영향 받을 수 있으므로 평가의 기준을 국가 경제 성장률이나 개인의 수입의 증감과 같은 객관적 근거에 두어야 한다는 것이다. 2000년 총선에서 영남인 2/3는 한국경제가 IMF 위기를 아직 극복하지 못하였다고 한 반면 호남인 2/3는 IMF 위기를 이미 극복하였다고 하였다. 이는 김대중 정부하에서의 정부의 업적을 긍정적으로 평가하는 호남인은 경제사정을 긍정적으로 평가한 반면, 정부업적을 부정적으로 평가하는 영남인은 경제사정을 부정적으로 평가하는 정당일체감에 의한 차이를 보여주는 것이라고 하겠다.

제5장

소모적 이념갈등

소모적 이념갈등

　　보통 이념성향이라 하면 정치사회적인 태도를 일정한 방향으로 결정하게 하는 중심적 가치정향을 의미하는데 일반적으로 좌와 우, 또는 진보와 보수와 같은 대립되는 두 정향으로 나뉜다. 이러한 두 정향은 더 세분하여 정부의 경제개입을 둘러싼 경제적 차원과 소수자 권리를 둘러싼 사회적 차원을 기준으로 경제적 좌와 우, 사회적 좌와 우로 나뉘기도 한다. 일반적으로 좌 또는 진보는 자유보다는 평등, 시장지향보다는 규제, 성장보다는 분배, 지역개발보다는 환경보호, 국제주의보다는 민족주의, 군비증강보다는 복지확대를 더 선호한다. 반면, 우 또는 보수는 좌와 진보에 반대되는 입장을 선호한다.

이런 측면에서 보면 우리나라 사람들의 이념성향은 민주화를 제외하면 전통적으로 반공, 법과 질서, 경제성장 등을 선호하는 보수성향이었으며, 그렇기 때문에 과거 민주주의를 추구하던 야당조차도 보수야당이라고 불렸다. 또 민주화 이후에도 1990년대 말까지는 진보대 보수라고 하는 이념갈등이 없었다. 그렇기 때문에 대부분의 국민의식조사에서 응답자의 이념성향을 물어보는 항목이 제외되어 있었다.

보수와 진보로 나뉜 이념갈등은, 김대중 정부의 햇볕정책이라고 하는 민족주의적 진보정책이 등장함으로써 시작된 여야당 간의 갈등으로 정치전면에 등장하게 되었다. 이어 시행된 2002년도 대선에서 보수적인 이회창 후보와 운동권 출신인 노무현 후보 사이에 햇볕정책과 미군주둔 협정 등을 중심으로 이념갈등이 본격적으로 전개됨으로써 지역주의 이외에 정당과 후보자 지지에 영향을 미치는 또 다른 변수로 이념 성향이 등장하게 되었다. 그 이후 노무현 정부에서 이념갈등은 점차 확산되어 북한이나 미국 문제를 다루는 외교·안보 분야 이외에도 경제 민주화, 재벌규제, 복지확대, 환경보호, 교육정책 등의 분야로 발전되었다. 현재는 '이념성향'이 '지역주의' 다음으로 투표결정, 정당지지, 이슈에 대한 태도에 가장 큰 영향력을 행사하는 요인이 되었다.

1. 이념갈등의 양상

우리 사회의 이념갈등은 어떤 모습으로 나타날까?

첫째, 개인의 이념성향은 정당과 후보자 지지에 출신지역 다음으로 가장 큰 영향을 미친다. 또 이념성향은 거의 모든 정향과 태도에 영향을 미치는데, 대북·대미 관계와 같은 외교·안보 문제, 민주화·경제민주화 등의 정치경제 문제, 그리고 소수자 인권보호, 환경보호, 교육과 같은 사회문

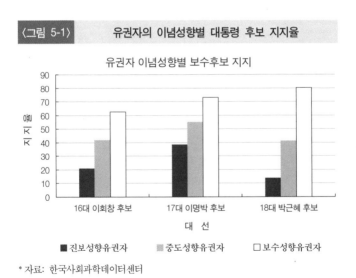

〈그림 5-1〉 　　유권자의 이념성향별 대통령 후보 지지율

유권자 이념성향별 보수후보 지지

■ 진보성향유권자　　■ 중도성향유권자　　□ 보수성향유권자

* 자료: 한국사회과학데이터센터

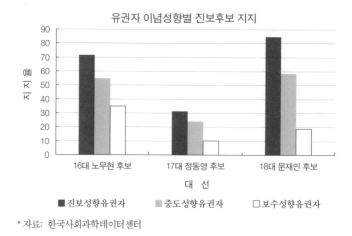

유권자 이념성향별 진보후보 지지

진보성향유권자　중도성향유권자　□보수성향유권자

* 자료: 한국사회과학데이터센터

제에서도 보수와 진보의 차이 및 대립을 찾아볼 수 있다.

둘째, 이념갈등은 우리나라에서 세대갈등, 지역갈등과 밀접한 연관을 가진다. 먼저 이념갈등은 세대갈등의 대부분을 설명한다. 한국에서는 세대별로 정치적 태도와 정향이 큰 차이를 보이는데 그 중 가장 큰 차이가 이념성향에서의 차이이다. 일반적으로 젊은 세대는 진보적 성향을, 기성세대는 보수적 성향을 가진다. 또 이념갈등은 지역갈등과 중첩되어 나타난다. 과거에는 지역별 이념차이가 없었는데 2000년 남북정상회담으로 본격화되었던 김대중 대통령의 햇볕정책 이후 정당지지와 이념갈등이 결합되어 나타나고 있다. 정당과 이익단체, 시민단체, 국민들 간의 이념갈등은 지역갈등과 연계

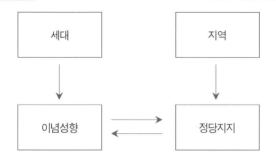

세대		지역
이념성향		정당지지

되어 보수 영남과 진보 호남의 대결로 나타나고 있다.

셋째, 한국에서 개인의 이념성향을 결정하는 이슈는 서구에서 개인의 이념성향을 결정하는 이슈와는 크게 다르다. 서구에서는 정부의 시장개입이나 생산수단의 공공소유, 또 소수자에 대한 사회적 관용 등의 기준에 의해서 개인의 이념성향이 결정되지만 이들은 한국에서는 부차적인 중요성을 가질 뿐이다. 한국인의 이념성향 결정에는 오히려 한미관계나 대북지원과 같은 외교·안보 이슈가 가장 큰 영향을 미치고 그 다음으로 정치적 민주화와 권위주의와 같은 정치체제적 이슈가 어느 정도의 영향을 미친다. 즉 특정개인이 미국과 북한에 대해 어떻게 느끼는지, 그리고 민주화, 권위주의에 대해 어떤 태도를 가지는지에 따라 그 개인이 자신을 진보

또는 보수로 분류한다는 것이다. 더 나아가 이슈에 대한 태도가 정당과 후보자의 지지를 결정하는 데 미치는 영향을 회귀분석을 통해 보면 사회경제적 이슈에 대한 태도는 정당지지에 통계적으로 유의한 영향을 미치지 못하는 반면, 외교·안보적 이슈에 대한 태도는 유의한 영향을 미치고 있다는 것을 알 수 있다.

다시 말하면 한국인의 이념성향과 정당지지를 결정하는 요소는 대북문제와 한미관계에 관한 태도이지 사회경제적인 성장과 복지, 환경 및 교육문제에 대한 태도가 아니라는 것이다. 2000년대 이후 중요사건인 광우병 촛불 문제, 제주해군기지 문제, 국정원 및 NLL 사건 등은 모두 외교·안보이슈에 관련한 이념갈등이라고 할 수 있다.

2. 이념갈등의 원인

2000년 이후 이념갈등이 선거균열로 자리 잡게 된 데에는 급속한 산업화 과정에서의 세대 간의 사회화 경험의 차이, 민주화 과정에서의 이념지평의 확대, 그리고 1998년 무렵의 국내 및 국제적 환경 속에서의 김대중 정부의 지배연합 구성전략이라는 3가지 요인이 배경이 되었다고 할 수 있다.

첫째, 한국인의 정치의식에 가장 큰 영향을 미치는 것은 연령 및 세대이다. 정향과 태도는 주로 사회화 과정에서 결정되는데 가장 중요한 청소년기에 식민지와 분단, 6.25 전쟁, 가난과 혼란을 경험한 기성세대와 상대적으로 경제적 풍요 속에서 안정된 청소년기를 보낸 신세대 사이에는 반공과 민주주의, 경제발전, 사회복지, 환경보호, 법과 질서 등에 있어 큰 차이가 있다. 일반적으로 기성세대는 반공, 법과 질서, 경제성장 등의 보수적인 가치를 선호하는 반면 신세대는 민주주의, 사회복지, 환경보호, 민족화합 등의 진보적인 가치를 추구하게 되었다. 이러한 세대별 이념적 성향의 차이가 민주화 이전에는 젊고 교육을 많이 받은 사람으로 하여금 민주화를 요구하는 야당을 지지하게 하고, 나이가 많고 상대적으로 교육수준이 낮은 기성세대에게는 법과 질서, 반공과 경제성장 등을 내세우는 여당을 지지하게 하였다. 민주화 이후에 민주화 이슈가 소멸함으로써 이들 세대 간에 이념갈등은 나타나지 않았으나 김대중 정부의 햇볕정책을 기회로 다시 한 번 표출되게 되었다.

둘째, 세대별 이념차이가 가장 두드러지게 나타나는 것은 1950년대 및 그 이전에 태어난 세대와 1960년 이후에 태어난 세대 사이다. 소위 386 전 세대와 386 이후 세대 사이에 이념차이가 크게 나타나는 이유는 1980년대의 민주화 운동 과정에서 진보 이데올로기가 보급되었기 때문이다. 1980년 대의 민주화를 위한 재야 및 학생운동은 그 이전의 민주화 운동과는 달리 민주주의 이외에도 민족주의와 사회주의를 표방함으로써 한국사회의 이념적 지평이 크게 확대되는 결과를 가져왔다. 이러한 이념적 지평의 확대가 학생운동의 소멸과 더불어 없어진 것이 아니라 젊은 세대에 널리 확산됨으로써 한국사회에 잠재된 집단 갈등의 형태로 존재하게 되었다. 이러한 386 세대를 기준으로 하는 세대 간의 이념갈등과 일반적으로 연령집단별로 나타나는 이념갈등의 가장 중요한 차이는 후자는 인격이 형성되는 청소년기 과정에서의 사회경제적 환경의 차이에서 비롯된 것이라고 한다면, 전자는 교육과 정치 환경의 차이에서 비롯되었다는 것이다.

셋째, 김대중 정부의 지배연합 구성 또한 이념갈등의 원인이 되었다. 김대중 대통령의 당선은 이인제의 탈당으로 인한 여당의 분열, DJP 연합에 힘입은 충청권 표 획득, 그리고 IMF에 대한 책임론 등에 힘입은 것이었다. 이렇게 집권한 김대중 정부는 DJP 연합이 와해되고 IMF의 위기상황에서 벗어남으로써 지지동원을 위한 새로운 전략을 필요로 하게 되었다. 당시 김대중 정부의 지지집단은 호남을 제외하면 큰 특성이

🌑 페리 보고서

1998년 당시 미국의 클린턴 대통령이 전직 국방장관 윌리엄 페리(William Perry)에게 지시하여 작성된 보고서로 미국의 대북정책을 포괄적으로 검토하였다. 대포동 미사일 발사를 계기로 북한이 핵이나 미사일과 같은 대량살상무기를 제조하거나 확산시키지 않는 것을 목표로 미국이 채택할 수 있는 정책대안을 비교 검토하는 것이 목적이었다. 김일성 사망과 극심한 기아에도 불구하고 페리는 북한의 일인지배체제가 단기간에 붕괴될 가능성은 사실상 없다고 판단하였으며, 북한에 대해 전향적 정책을 도입하기를 추천하였다. 민주주의의 도래와 시장의 도입과 같은 개혁개방은 사실상 현실성이 없다는 것을 전제로, 북한이 핵과 미사일을 포기할 경우 북한에 정치경제적으로 광범위한 지원을 제공한다는 것이다. 물론 발표되지 않은 보고서의 내용 중에는 핵과 미사일을 포기하지 않을 시, 군사력을 포함한 정치경제적 제재를 취한다는 조항도 있다고 알려져 있지만, 페리보고서가 가져 온 가장 큰 변화는 미국의 대북정책이 북한에 대한 압박과 고립을 골자로 하는 대립정책으로부터 화해와 교류라고 하는 포용정책으로 바뀌었다는 것이다. 이러한 페리 보고서에 의한 미국의 대북정책의 변화는 김대중 정부의 햇볕정책을 가져오는 데 크게 기여를 했다고 평가받고 있다.

없었다. 따라서 비호남 지역에서 지지를 얻기 위해 운동권 출신의 소위 젊은 피를 영입하고 북한과의 평화교류를 위한 햇볕정책을 내세움으로써 젊은 층의 지지를 동원할 수 있었으며, 이러한 호남과 비호남의 진보적인 젊은 세대를 지지연합으로 구성함으로써 노무현 후보가 당선될 수 있는 기틀이 마련되기도 하였다. 즉 이념을 새로운 균열의 축으로 이용하여 비호남을 보수 대 진보로 가를 수 있었던 것이다. 당시의 국제적 환경 또한 김대중 정부의 진보적 햇볕정책을 뒷받침해주었다. 1998년 북한이 대포동 미사일을 발사하면서 미국과 일본 등 남북 이해낭사국들은 기존의 대북정책을 수정할 필요성을 인식하게 되었다. 당시 미국의 클린턴 정부는 페리 보고서를 통해 북한이 조기에 붕괴할 가능성이 매우 적다고 전제한 후 북한이 핵이나 미사일과 같은 대량살상무기를 제조하거나 확산시키지 않도록 하기 위해 종전의 고립이나 대결정책보다는 외교적 화해와 경제적 지원을 주된 수단으로 하는 포용정책을 표방하게 되었다.

3. 이념갈등의 폐해

　　한국인의 이념갈등의 폐해를 논의하는 데 있어 한 가지 제기될 수 있는 의문은 한국국민이 과연 이념갈등의 원인이 될 수 있는가 하는 문제이다. 왜냐하면 이념갈등은 순수하게 정치권에서 시작된 갈등이고 국민은 단지 이에 대해 반응하였을 뿐이라고 볼 수 있기 때문이다. 이 문제도 사실 정치적인 불신과 지역주의의 원인을 논의할 때의 국민이 원인인가, 정당과 정치인이 원인인가 하는 문제와 크게 다르지 않다.

　　한국인에 있어 세대 간에 이념적 차이가 존재하지 않았고 김대중 정부와 한나라당 등에 의한 햇볕정책을 둘러싼 대립과 경쟁에 국민이 반응하지 않았더라면 김대중 정부의 햇볕정책이라고 하는 것도, 그 이후 진행된 정당과 정치인의 이념적 갈등도 없었을 것이다. 그 이유는 이들 사이의 대립과 경쟁은 지지극대화를 목적으로 한 것이었기 때문에 만약 국민이 반응하지 않거나 반응하지 않을 것이라 생각했다면 이들은 이념갈등을 표출하지 않았을 것이기 때문이다. 그렇다면 이념갈등에는 어떤 폐해가 있는가?

　　먼저 우리 이념갈등의 핵심이라 할 수 있는 외교·안보 분야의 한미관계나 남북한관계를 둘러싼 이념갈등은 비정책적인 소모적 갈등에 불과하다는 문제가 있다. 사실 미국과 북한을 둘러싼 이념적 갈등과 정책적 선택은 별개의 문제이다. 한국은 현재의 한미관계와 남북한관계를 근본적으로 변화시킬 힘도 없으며 그렇게 하려는 의사도 가지고 있지 못하다. 햇볕정책은 그 의도는 좋았으나 개성공단과 금강산 관광과 같이 북한 체제의 개혁과 개방에 별 영향을 끼치지 못한 교류 이외에는 큰 성과가 없었다.

사실 한국은 북한의 개혁개방을 압박할 외교적 힘도 가지지 못했고, 파격적인 경제 지원을 할 수 있는 경제력도 가지지 못했을 뿐더러 이에 동의할 수 있는 국민적 합의도 존재하지 않았다. 다른 한 편으로 북한도 경제적 지원을 받는 대가로 자신들의 체제에 위협이 되는 개혁과 개방을 시도할 의사가 없었으며, 이렇게 볼 때 그들의 핵무기 보유도 체제의 수호를 위해 불가피한 선택이었으리라고 볼 수도 있다.

북한을 변화시킬 별 뾰족한 수가 없다는 것은 미국도 마찬가지이다. 2014년 4월의 방한에서 미국의 오바마 대통령은 북핵문제를 당장 해결할 수 있는 마법탄환은 없으며 주변 국가들이 강력한 동맹하에 꾸준하고 일관적으로 북한이 대화를 택하도록 압박해야 한다고 했을 정도이다. 사실 북한이 크게 변화하지 않는 이상 억지력을 위한 미군주둔은 지속되어야 하고, 한국은 경제적, 사회적, 문화적으로 미국이 주도

하는 세계질서의 일원으로 존재할 수밖에 없다는 것을 일반 정치인들은 잘 알고 있다. 미국을 싫어했던 노무현 대통령이 미국의 요청에 따라 이락에 파병을 하고, 한미 FTA를 추진한 것은 그 전형적인 예이다.

이렇게 본다면 미국과 북한을 둘러싼 이념적 갈등이라는 것은 정책적인 효용성이 없는 감정적 소모에 불과하다. 이것이 2천년대의 이념갈등이 민주화 이전의 이념갈등과 근본적으로 다른 점이다. 민주화 이전의 이념갈등이 법과 질서, 경제성장, 반공 등을 위해 권위주의를 지속시킬 것인가 또는 개인의 자유와 기본권의 보호 및 공정한 선거를 위해 민주주의를 추구할 것인가 하는 매우 중요하고 현실적인 문제를 다룬 반면, 북한과 미국을 둘러싼 이념갈등은 그야말로 현실성이 없는 의식 속에서의 갈등에 불과하다. 민주화를 둘러싼 갈등도 현실성이 없기는 마찬가지다. 물론 아직 국정원의 선거개입과 같은 권위주의적 잔재가 남아 있기는 하지만 이들이 선거결과에 미치는 영향력은 매우 작았을 뿐 아니라 반복될 가능성은 희박하기 때문이다.

여기서 이념갈등이 소모적이라 함은 현재 한국에서 전개되고 있는 외교·안보에 있어서의 이념갈등이 소모적이라는 것이지 사회경제적인 이념갈등이 소모적이라고 말하는 것은 결코 아니다. 경제성장과 양극화의 문제, 고교평준화와 같은 교육기회 균등의 문제, 지역개발과 환경보호 문제와 같은 문제에서 나타나는 이념적 갈등은 그것이 우리가 선택할 수 있는 정책결정에 직결되는 문제라는 점에서 바람직하다고 할 수 있다. 사실 우리나라의 진보와 보수가 진정으로 다루어야 할 문제는 바로 이러한 정책적인 선택과 관련이 있는 분야에서의 이념갈등이어야 한다.

그 다음으로 우리의 이념갈등은 순수한 이념갈등이 아니라 지역갈등에 오염되고 종속되어버린 갈등이란 문제가 있다. 사실 김대중 정부와 노무현 정부의 진보정책과 이를 비판하는 한나라당의 보수정책 간에 일어나는 이념갈등 속에서 진보이념을 가지게 된 호남인과 이를 반대하고 비판하면서 보수이념을 갖게 된 영남인의 경우에는 이념 때문에 정당을 지지하는 것이 아니라 지지정당 때문에 그 정당의 이념을 받아들이게 되었다고 볼 수 있다. 그렇게 보면 한국인의 이념투표란 지역투표에 종속되는 측면이 큰 투표성향이다. 이런 상황에서 만약 권력획득을 목표로 하는 정치인이 자신의 권력의지를 이념으로 포장한다면 어떻겠는가? 이 경우 권력갈등에 불과한 지역대립은 이념으로 포장되어 민주적인 정당성을 부여받게 될 것이다. 즉 이념갈등이 지역갈등에 의해 오염되는 것이다. 만약 호남지역의 단결이 보장되지 않았다면 햇볕정책으로 비호남의 분열을 가져오는 전략은 사용되지 않았을 것이다. 그 경우 호남, 비호남진보, 비호남보수 대신에 영호남은 호남진보, 호남보수, 비호남진보, 비호남보수로 갈라졌을 것이고 호남진보와 비호남진보가 연합한다고 해도 선거에서의 승리는 보장될 수 없었을 것이다. 결국 권력추구를 위해 새로운 균열의 축으로 이념을 끌어들여 정권획득에 가장 유리한 지배연합을 만들어낸 것이다.

〈표 5-1〉에서 볼 수 있듯이 1997년 대통령 선거에서는 서울·경기, 영남, 호남, 충청 순으로 진보적이었던 데 반해, 김대중 정부 5년이 지난 2002년의 대통령 선거에서는 호남, 서울·경기, 충청, 영남의 순이었으며 영호남 간의 차이도 확대

〈표 5-1〉	지역별 이념성향		

척도: 1(아주 진보)~5(아주 보수)

	1997년 대통령 선거	2002년 대통령 선거	2007년 대통령 선거
서울·경기	2.917	2.814	3.134
충청	3.151	2.815	3.343
호남	3.009	2.602	2.572
영남	2.925	2.916	3.167

* 자료: 한국사회과학데이터센터
 2007년은 0~10의 척도를 변환한 것

되었다. 다시 말해 불과 5년 만에 김대중 정부를 지지한 호남은 가장 진보적인 지역으로, 또 반대한 영남은 가장 보수적인 지역으로 변화하였다. 이러한 영호남 간의 이념성향 차이는 2007년 대통령 선거까지 지속되다가 2012년 선거에서 다시 그 격차가 확대되는 경향을 보인다.

세 번째로 이념갈등의 문제점은 그것이 외교·안보 문제에 의한 갈등이건 사회경제적 문제에 의한 갈등이건 현대 정당이론가인 사르토리(Giovanni Sartori)가 지적하듯이 협상과 타협이 매우 어려운 문제이고 그렇기 때문에 정치적인 불안정의 가장 큰 요인이 된다는 것이다. 정치는 기본적으로 목표와 목적을 포함하는 이념적인 것이기 때문에 완전한 탈이념이라고 하는 것은 불가능할지 모른다. 그러나 정책과 정치가 지나치게 가치에 의해 규정될 때는 정치적 갈등은 옳고 그름, 좋고 나쁨 간의 갈등이 될 수밖에 없고, 이러한 갈등에서 타협이나 협상은 변절이나 야합으로 규정될 수밖에 없다. 타협이나 협상이 불가능한 이념갈등은 쉽게 극단으로 치달을 수 있어 결국에는 사회적 양극화를 가져올 수 있고 이는 민주주의의 몰락으로 연결될 수 있는 위험이 있다. 실제 나치의 일당 지배로 전락했던 독일 바이마르 공화국이나 군사정권의 등장으로 민주정치가 실패했던 브라질과 아르헨티나의 경우가 바로 정당 간의 이념 갈등에 의해 초래된 사회의 이념적 양극화가 가져온 결과이다.

4. 이념갈등에 대한 대책

우리나라에서 외교·안보정책을 둘러싼 이념갈등이란 사회에 존재한 뿌리 깊은 갈등구조의 표출이라기보다는 지지극대화를 위해 채택된 정책에 의해 만들어진 것에 불과하며, 보수·진보의 실질적 차이도 서로 용납할 수 없을 만큼 크다기보다는, '종북좌빨'이나 '수구꼴통' 등으로 서로 상대를 매도하는 가운데 갈등의 폭만 점점 더 커진 듯하다. 그렇지만 이념갈등이 어디에서 연유했건 또 어떤 양상을 취하고 있건, 이념갈등은 우리 사회와 정치에서 무시할 수 없는 양상이 되었다. 그렇다면 이러한 이념갈등에 우리는 어떻게 대처해야 하는가.

첫째, 우리는 정당이나 후보자를 지지할 때 구체적인 정책을 중심으로 평가하여야 한다. 어떤 정책을 평가할 때 그 정책의 목적이나 수단의 정당성에 대해 고려를 하는 것이 필연적이기는 하다. 그러나 현재의 이념갈등과 같이 정책적 효용성을 갖지 않는, 다시 말해 어떤 정책도 효과를 가지지 못하는 경우에는 그러한 정책의 정당성에 대한 평가가 정당이나 후보자의 지지를 결정하는 데 큰 영향을 미쳐서는 안 된다. 예를 들어, 새로이 시도된 햇볕정책도 과거의 상호주의 정책과 마찬가지로 북한을 변화시키는 데 별 효과를 가져 오지 못했다고 한다면 햇볕정책이 좋은가 또는 상호주의가 좋은가는 그야말로 탁상공론에 불과하다. 따라서 정책적 효용성을 갖지 못한 햇볕정책을 지지하느냐 또는 반대하느냐가 정당과 후보자의 지지결정에 영향을 미쳐서는 안 된다.

둘째, 우리는 정당과 정당인을 비교 평가할 때 그 기준을 외교·안보 등의 정책이나 이념에서 그들이 어떤 노선을 택하는가보다 대다수 사람들이 중요하다고 생각하는 성장, 복지 등의 문제를 누가 더 잘 풀어나갈 수 있는 능력을 가졌는가에 두어야 한다. 즉 정당이나 후보자들이 어떻게 다른가보다 그들이 당선되었을 때 반드시 해결해야 할 주요 가치문제를 누가 더 잘 해결할 수 있는가에 따라 지지결정을 해야 한다는 것이다. 왜냐하면 정책에 따른 이념갈등은 그것이 투표결정에서 차지하는 영향력의 크기와는 달리 실제 정치현실에서는 그렇게 중요하지 않기 때문이다. 영국의 정치학자 로즈(Richard Rose)는 영국의 노동당과 보수당의 이념적 차이가 실제 정부정책에 적용되는 범위는 전체 정책의 10% 정도에 불과하다고 하였다.

마지막으로 우리는 이데올로기에서 현실적인 효용성으로 정치의 기조를 바꿀 수 있을 것이다. 과거 정치의 원동력이 었던 꿈과 사상의 정치에서 과학과 현실의 정치로, 해결할 수 없는 문제가 아닌 해결할 수 있는 문제를 가장 효율적이 며 효과적으로 실천하는 현실주의 노선으로 기조가 바뀌어 야 한다. 만약 국민이 보편적으로 원하는 목표가 경제발전과 복지확대라고 한다면 옳고 그름, 선과 악의 기준은 결국 이 러한 목표를 어떻게 효율적이고 효과적으로 달성하는가에 달려 있다. 이러한 현실주의의 성공사례 중 하나가 바로 중 국의 지도자 등소평의 흑묘백묘론(黑猫白猫論)이다. 사회주 의 중국의 경제발전이라고 하는 중국인의 공동 목표를 이룰 수만 있다면 그들이 반대하고 비판해왔던 자본주의 시장경 제도 이용할 수 있다는 실용주의 경제노선으로 중국은 경이 적인 고도성장을 이룩하고 세계 제2위의 경제대국으로 발돋 움할 수 있었다.

● 흑묘백묘론(黑猫白猫論)

1979년 등소평은 중국에 시장경제를 도입하면서 그 명분으로 흑묘백묘론을 주장하였다. 즉 검은 고양이든 흰 고양이든 쥐만 잘 잡으면 되듯이 자본주의든 공산주의든 중국 인민만 잘 살게 하면 그것이 제일이라는 뜻으로 등소평의 경제정책을 가장 잘 대변하는 용어다. 흑묘백묘론은 1980년대 중국식 시장경제를 대표하는 용어가 되었으며 공산주의 정치체제하에 자본주의적 경제체제를 수용하는 등소평의 이러한 개혁개방 정책에 힘입어 중국은 비약적 경제발전을 이룩하여 드디어는 세계 제2의 경제대국이 되었다. 비슷한 말로 남파북파가 있다고 하는데 남쪽으로 오르든 북쪽으로 오르든 산 꼭대기에만 오르면 그만이라는 뜻이다. 목표와 수단의 정당성보다는 결과의 효율성과 효과성을 강조하는 중국공산당 정부의 경제적 실용주의는 일당독재의 부패와 소득불평등에 대한 국민의 불만에도 불구하고 일당지배의 권위를 국민이 인정하게 하는 가장 중요한 덕목이라고 할 수 있다.

한국정치는 삼류가 아니다

한국정치는 삼류가 아니다

우리가 자주 듣는 말이 우리 경제는 일류인데 정치는 삼류라는 말이다. 그런데 정말 우리 정치가 삼류일까? 우리와의 비교대상을 무엇으로 정하느냐에 따라 조금씩 달라지기는 하지만 정치와 경제가 그렇게 큰 차이가 있는 것은 아니다. 비교대상을 정치경제적으로 우리보다 발전된 서구국가로 한정한다면 한국은 정치와 경제 모두 삼류이고 그 비교대상을 전 세계국가로 확대한다면 한국은 정치경제 모두 일류국가라고 할 수 있다.

지금까지 한국정치의 문제로 지적되어 온 정치인의 낮은 자질, 당리당략에 의한 대립과 갈등의 여야당 관계, 정책의 효과나 효율성이 극히 낮은 정부의 문제도 사실 한국만의 문제는 결코 아니다. 민주주의가 발전한 서구국가들에서도 이러한 문제들의 심각도가 덜하지만 완전히 해결된 것은 아니며, 신생민주의 국가들에서는 우리나라에서보다도 더 크게 나타나고 있다. 이러한 문제들이 이처럼 현대 민주주의 국가들에서 보편적으로 나타나는 이유는 이들의 상당 부분이 민주주의의 본질에서 기인하기 때문이다. 그러면 먼저 한국정치의 수준을 가늠할 수 있는 정치경제적 지표를 살펴본 이후에 이 문제들이 왜 민주주의에서 필연적으로 나타나는가 하는 점들을 추론해보자.

1. 한국의 사회경제적 수준

한 국가의 경제수준을 대표적으로 나타내는 일인당 국민소득을 보면 한국은 세계 180여 개국 중 대개 30~35위 사이에 있으며 이는 상위 1/6 정도의 위치이다. 정치수준도 그와 크게 다르지 않다.

헤리티지 재단과 월스트리트저널에서는 1995년 이래 법제(재산권, 청렴도), 정부개입 여부, 규제의 효율성, 시장개방 등 4개 부문을 중심으로 해마다 세계 여러 나라의 경제자유지수를 발표해왔다. 이들 국가들은 경제자유지수에 따라 자유경제, 대체적으로 자유경제, 중간수준 자유경제, 대체적으로 부자유, 억압상태로 분류된다. 2014년 한국은 100점 만점에서 71.2점을 얻어 세계 186개국 중 31위로 대체적으로 자유로운 범주에 포함되었다. 같은 범주에 속하는 나라로는 미국, 영국, 네덜란드, 독일, 스웨덴, 일본, 노르웨이 등이 있다. 다만 한국의 경우, 기업 자유도와 금융 자유도에서는 상당히 높은 점수를 얻은 반면 노동 자유도와 공공부문 청렴도에서는 40~50점대의 비교적 낮은 점수를 받았다.

소득불평등 측정지표로 널리 사용되는 지니계수는 0과 1 사이의 값을 가지는데 낮은 수치는 더 평등한 소득분배를, 반면에 높은 수치는 더 불평등한 소득분배를 의미한다. 세계은행이 산정한 지니계수에 의하면 소득불평등은 북유럽에서는 낮지만 아프리카와 중남미에서는 무척 높은 수준이다. OECD 국가 중에서는 칠레가 지니 계수가 가장 높으며 그보다 조금 낮은 것이 미국, 터키, 그리고 멕시코이다. 소득이 가장 평등하게 분배된 국가들은 슬로베니아, 덴마크, 노르웨이다. 한국의 2013년도 OECD 지니계수는 0.302로 전체 34개국 중 17번째로 낮다. 조사기관과 연도, 기준에 따라 다르지만 세계 160여 개국 중에서는 30위 정도이다.

자유민주주의의 지수로는 프리덤하우스의 참정권과 시민권지수가 있는데 한국은 비교적 자유로운 국가로 분류되고 있다. 세계 195개국과 14개 분쟁지역에서의 모니터링을 통해 1~7 척도로 참정권과 시민권을 측정하는데, 1은 최고수준의 자유, 7은 최저수준의 자유를 나타낸다. 캐나다, 미국, 호주, 서유럽국가 등은 참정권과 시민권 지수가 모두 1로 가장 자유로운 국가들이지만, 남아프리카 공화국, 중국, 이란, 아프가니스탄 등은 6, 7점대를 기록해 많은 사람들의 예상과 같이 참정권, 시민권이 제한되어 있음을 알 수 있다. 북한의 경우 두 지수 모두 7이었다. 우리나라는 2014년 참정권과 시민권 지수가 각 2로 비교적 자유로운 국가라 볼 수 있다.

국제투명성기구에서 1995년 이후 매년 발표하는 '부패인식지수'는 공공부문 및 정치부문에 존재하는 것으로 인식된 부패의 정도를 측정하는 지표로 국가청렴도와 기업경영, 신용평가 등에 영향력을 끼치는 중요데이터 중의 하나이다. 2013년 한국은 부패인식지수에서 55점으로 OECD 34개 국가 중 27위(OECD평균은 68.6점), 세계 177개 국가 중 46위를 차지했다.

이러한 수치들이 보여주듯 한국은 현재로서는 자유와 인권, 정당정치의 양태, 경제적 배분과 복지, 사회적 통합과 문

지표\국가	경제자유지수 (순위/186국)	지니계수	프리덤하우스		부패 인식 지수	세계경제 포럼국가 경쟁력점수 (순위/144국)
			참정권	시민권		
한국	71.2(31)	0.302	2	2	55	4.96(26)
중국	52.5(137)	0.370	7	6	40	4.89(28)
일본	72.4(25)	0.336	1	1	74	5.47(6)
인도네시아	58.5(100)	0.381	2	4	32	4.57(34)
인도	55.7(120)	0.336	2	3	36	4.21(71)
필리핀	60.1(89)	0.430	3	3	36	4.40(52)
베트남	50.8(147)	0.356	7	5	31	4.23(68)
브라질	56.9(114)	0.527	2	2	42	4.34(57)
아르헨티나	44.6(166)	0.436	2	2	34	3.79(104)
페루	67.4(47)	0.453	2	3	38	4.24(65)
우루과이	69.3(38)	0.413	1	1	73	4.04(80)
베네수엘라	36.3(175)	0.448	5	5	20	3.32(131)
멕시코	66.8(55)	0.481	3	3	34	4.27(61)
남아공	62.5(75)	0.650	2	2	42	4.35(56)
케냐	57.1(111)	0.477	4	4	27	3.93(90)
나이지리아	54.3(129)	0.430	4	5	25	3.44(127)
이집트	52.9(135)	0.308	6	5	32	3.60(119)

폴란드	67.0(50)	0.328	1	1	60	4.48(43)
헝가리	67.0(51)	0.289	1	2	54	4.28(60)
체코	72.2(26)	0.264	1	1	48	4.53(37)
우크라이나	49.3(155)	0.248	4	3	25	4.14(76)
러시아	51.9(140)	0.397	6	5	28	4.37(53)
영국	74.9(14)	0.344	1	1	76	5.41(9)
프랑스	63.5(70)	0.309	1	1	71	5.08(23)
독일	73.4(18)	0.293	1	1	78	5.49(5)
이탈리아	60.9(86)	0.321	1	1	43	4.42(49)
스위스	81.6(4)	0.289	1	1	85	5.70(1)
스웨덴	73.1(20)	0.273	1	1	89	5.41(10)
벨기에	69.9(35)	0.264	1	1	75	5.18(18)
네덜란드	74.2(15)	0.278	1	1	83	5.45(8)
호주	82.0(3)	0.324	1	1	81	5.08(22)
미국	75.5(12)	0.389	1	1	73	5.54(3)

* 정부에 대한 신뢰도: OECD 국가들 Society at a Glance; 그 외 국가들 Gallup World Poll
* 지니계수: OECD 이외 국가들은 세계은행 최신자료

화적 발전의 측면에서 서구국가보다는 못하지만 세계 국가 수의 3/4이 넘는 동남아, 중남미, 아프리카 국가들보다는 나으므로, 경제는 일류인데 정치는 삼류라는 말은 지나친 과장

인 것이다. 물론 동남아, 중남미, 아프리카 국가들보다 나으니까 그 정도면 충분하다고 만족하자는 말은 결코 아니다. 그렇다고 해서 실제보다 지나치게 부정적으로 평가하여 정치적인 불신이나 불만을 높이는 것은 오히려 역효과만을 가져온다.

냉정하게 보면 우리나라의 정부와 정당이 다른 나라에 비해 부정적인 평가를 받는 것이 사실이다. 인권탄압과 크리미아 반도 병합, 최근의 우크라이나 사태 등으로 서구의 맹비난을 받는 푸틴과 민주주의의 대명사인 미국의 대통령이면서 자국의 이익을 위해 이락 공습을 승인한 오바마, 군국주의 부활을 추진하는 일본의 아베 등과 불소통의 박근혜 사이에 그렇게 큰 차이점이 있는 것도 아니다. 그럼에도 불구하고 이들은 우리나라 대통령보다 국민으로부터 더 높은 지지를 받고 있다. 사실 정치9단이라고 불리고 비교적 높은 지지를 받았던 양김씨와 그 이후 정치를 못한다고 비판받고 낮은 지지를 받았던 노무현, 이명박 두 후임 대통령들과의 차이도 그들이 처해있던 환경을 고려한다면 결코 큰 것은 아니었다.

그러므로 우리 정치에서 나타나는 정치인의 낮은 자질, 당리당략으로 반목 대립하는 여야당 관계, 무력한 정부라는 고질적인 문제가 우리만의 문제가 아니고 정도의 차이는 있지만 많은 민주주의에서 보편적으로 나타나는 문제라는 것을 인식할 필요가 있다.

2. 민주주의 정부의 한계

우리 정치의 문제점으로 지적된 3가지 문제가 많은 민주주의 국가에서 보편적으로 나타나는 현상이라면 그 원인은 무엇인가?

1) 정치인의 낮은 자질과 덕성

우리 정치인의 자질과 덕성에 많은 문제가 있음은 두말할 필요도 없다. 국가 위기 상황 속에서 국민에게 비전을 제시하고 강력한 리더십을 발휘하여 난국을 타개해 가는 정치인은 찾기 어려운 반면 여러 가지 이권에 개입하고 자기 선전에만 열중하는 정치인은 주변에서 흔하게 볼 수 있다. 그러나 이러한 정치인의 자질 문제는 대부분의 민주국가에서 제기되고 있으며 선거에서 선택해야 될 입후보자들 모두에 대해 국민이 불만을 갖는 경우도 매우 많다. 미국과 같이 대통령 후보자의 자질에 대한 국민의 만족도가 비교적 높은 나라에서도 후보자들 중 어느 누구에게도 만족할 수 없다는 사람들이 반 이상이 되고 있다. 그 이유는 현대 민주주의에서 정치를 하려고 하는 사람들의 자질이 우리가 요구하는 정치 지도자의 자질보다 낮기 때문이다.

오늘날 정치인이라는 직업이 가진 위상을 볼 때 어쩌면 우리가 기대할 수 있는 수준의 정치인이란 바로 그러한 낮은 자질의 정치인인지도 모른다. 정치인이란 직업이 과연 좋은 직업인가? 과거에는 좋은 직업이었는지 모르지만 민주주의가 발전하면서 정치인이란 직업의 보상이 줄어든 것은 확실해 보인다. 과거에는 한자리 한다는 것이 돈과 권력과 명예를 의미했다. 존경도 받고 추종자들에게 좋은 자리까지 보장해줄 수 있었던 것이다. 물론 권력과 함께 돈은 따라오는 것이라서 이러한 보상이 능력 있는 사람에게는 매력적으로 보일 수 있었다.

그러나 정치권의 쇄신과 국민의 감시에 의하여 현재의 정치인들은 과거만큼 얻을 수 있는 것이 많지 않다. 더욱이 정치인들은 극심한 고용불안정의 상태에 놓여 있는 것이 사실이다. 특히 선거에서 낙선하는 경우 하루아침에 무직자가 되고 국민들로부터 잊혀지게 되는 현실을 생각하면 통계치는 없지만 실업률이 가장 높은 직업이라고 할 수 있을 것이다.

국회의원이나 대통령으로 당선되기 위해서는 정직성이란 그렇게 좋은 덕목이 아니다. 만약 실행 가능한 정책만을 약속한다면 그런 약속은 다른 후보자도 할 것이기 때문에 지지 동원에 아무런 도움이 되지 않는다. 그렇기 때문에 지지동원을 위해서는 다른 사람은 하지 않는, 또는 할 수 없는 정책을 약속할 수밖에 없다. 여기서 한 가지 주의해야 할 것은 이러한 거짓과 과장이 개개인의 잘못이라고 하기보다는 지지를 극대화해서 권력을 획득하려는 민주주의 정치과정의 본질에서 나타나는 불가피한 현상이라는 것을 알아야 한다는 것이다.

만약 대통령 후보자가 선거기간 동안 앞으로 경제가 어려워질 것을 알기 때문에 경기 회복을 약속하지 않거나 적자예산으로 인해 복지감소를 내건다면 그런 후보자는 정직한 사람이긴 하지만 국민으로부터 지지를 받지 못하고 선거에서 패배할 것이 자명하다. 20세기 후반에 월터 크론카이트(Walter Cronkite)라는 CBS TV의 뉴스 앵커는 미국인들에게 국민삼촌이라 불리며 오랫동안 신뢰의 표상이었다. 대통령으로 출마하라는 국민들의 높은 성원에도 불구하고 크론카이트가 출마하지 않았던 것은 거짓말로 사람들을 설득하고 싶지 않은 방송인으로서의 신념 때문이었다고 한다.

선거운동 자체가 돈이 없으면 불가능하므로 지지 동원을

위해 필수적인 다른 요소는 바로 돈이다. 실제로 아직까지 한국의 선거에서 선거비용의 한도를 지키는 후보자는 거의 없으며 선거자금의 기부도 대부분 불법적인 방법에 의해서 이루어진다. 또한 정보화 시대에 정치인은 국민들로부터 존경을 받기도 매우 어렵다. 존경이란 잘 모르는 사람들에게서 받기 쉽지 자신의 사정을 속속들이 아는 사람들로부터는 받기 어려운 것이다. 지금과 같이 언론과 인터넷에 의한 정치인의 신상털기와 흠집내기가 유행하는 현실에서는 자신과 가족의 허물을 감출 수 없게 되었고 그 결과로 모든 정치인이 허물 있는 정치인으로 변해버렸다.

이렇게 볼 때 불확실한 보상을 바라고 돈과 시간, 노력을 투자해야 하며, 그에 따른 명예도 없고 자칫하면 숨기고 싶은 사실이 만천하에 드러나게 되는 정치인이란 직업을 능력 있는 사람들이 꺼려 할 것이 당연하다 하겠다. 정치인이 된다는 것의 위험부담이 너무 큰 것이다. 능력 있는 사람들은 정치인이 되지 않더라도 돈과 권력, 명예가 보장되는 다른 직업을 선택할 수 있기 때문에 구태여 정치인이 될 필요를 느낄 수 없다. 결국 정치인이란 자리는 다른 좋은 직업을 가질 수 없는 자질이 낮은 사람들에 의해 채워지게 되고 이들의 자질이 국민들에게 실망스러울 것은 당연한 일이다.

그나마 정치인에 대해 긍정적인 평가를 내릴 수 있는 한

가지 이유는 정치인이란 다른 직업인들과 달리 국민이 선택하고 국민의 선택을 받기 위해 노력하는 직업이므로 국민이 어떤 신호를 보내느냐에 따라 달라질 수 있다는 데 있다. 다시 말해 정치인은 국민의 지지로 선택된 사람이며 또 지나치게 낮은 자질의 정치인은 국민이 언제든지 선거를 통해 폐기할 수 있는 통제 가능한 사람이라는 것이다. 대부분의 국가들에서 이윤을 극대화하려는 기업인들이 권력을 극대화하려는 정치인들보다 더 높은 평가를 받고 있지만, 기업인들의 자질이 더 높다든가 또 그들이 국민의 요구를 더 잘 수용한다든가 하는 증거는 없다. 다만 그들에게 거는 기대의 수준이 다를 뿐이다. 한국에서 주식부자들의 90%가 상속에 의한 것이라고 하는 것은 경제인들이 우리의 선택과 무관하다는 것을 단적으로 보여준다고 하겠다.

2) 당리당략에 따른 대립과 반목

민주주의의 특성에 따라 어느 정도의 정당 간의 대립과 반목은 필연적인 것이다. 사실 당리당략이 권력을 얻기 위한 목표의 수단이라 한다면 그것은 나무랄 것이 못 된다. 왜냐하면 민주주의하에서 권력을 얻기 위해 지지를 극대화하려고 하는 정당 간의 경쟁이 국민의사를 국가정책으로 전이하는 기본적인 기제이기 때문이다. 정당들은 권력을 얻기 위해 국민의 지지를 극대화할 수 있는 정책 대안을 제시하고 후보자를 공천하며, 선거에서 승리한 정당은 정권을 잡아 정책을 펼치고, 다음 선거에서 국민의 심판을 받게 된다.

민주주의하에서의 권력경쟁은 나누어 가질 수 있는 권력의 크기가 이미 결정되어 있기 때문에 기본적으로 상대가 이익을 보면 내가 손해를 보고, 내가 이익을 보면 상대가 손해를 보는 제로섬 게임이다. 그러므로 정부가 잘하면 여당의 인기가 높아지고 지지가 늘어나기 때문에 그 다음 선거에서도 이길 확률이 높아지니, 당연히 야당은 정부가 일을 잘 못한다고 비판하거나 일을 할 수 없도록 방해한다. 그렇기 때문에 야당은 겉으로는 나라가 잘 되기를 원하지만 속으로는 자신들의 선거에서의 승리를 위해 나라가 잘 못되기를 원할 수밖에 없다.

2012년 미국 대통령 선거에서 출중한 연설실력과는 달리 국정운영 능력이 별로 좋지 못했던 오바마 대통령은 공화당의 롬니 후보의 치열한 도전으로 재선과정에서 고전하게 되었다. 경제의 회복이 기대했던 것보다 느리다고 비판받던 상황에서 놀랍게도 선거 전 3개월 연속 미국의 고용지수가 개선되었고 이는 공화당에게는 선거에서의 패배를 가져온 가장 바람직하지 못한 현상이 되고 말았다.

여당이 나라가 잘 되기를 바라는 것은 물론 그들이 야당보다 더 애국적이라서가 아니라 나라가 잘 되면 그들의 이기적 목표인 국민의 지지가 증가하기 때문이다. 여당이 야당으로 전락하는 경우에도 지금의 야당과 다를 것이 없을 것이다. 여당은 나라가 잘 되면 여당과 정부의 업적인 반면에 잘 못 되면 불가항력이었거나 야당의 방해에 의한 것이었다고 선전한다. 또 야당이 집권하면 나라가 잘 못될 것이라고 선전하면서 자신들이 계속 집권할 수 있도록 노력하게 된다. 노무현 정부 아래에서 정부와 여당은 국민소득 2만 달러 달성과 고용지수 개선을 최대의 경제업적으로 내세운 반면 야당은 세계평균보다 낮은 경제성장률과 증가되는 청년실업률을 강조하며 정부의 경제정책은 실패했다고 비판하였다.

선거에서 또는 정부정책을 둘러싼 여야당 간의 대립과 갈등이 커지는 또 하나의 이유는 이들 간의 감정대립이 지나치게 격화되기 때문이다. 대통령이나 국회 또는 지방자치단체장 등의 직책은 그 직책뿐 아니라 그 직책에서 비롯되는 예산, 인사, 정책 등을 결정하는 그야말로 엄청난 이권의 싸움이다. 생계형 정치가라고 불리는, 정치로부터 수입을 얻어 살아가는 사람에게 있어서 선거는 죽느냐 사느냐의 싸움이고 정당과 정당 사이는 원수지간과 다름이 없다. 결국 정치인도 인간이기 때문에 이러한 감정적 관계를 극복하기 어렵고 그렇기 때문에 지나칠 정도로 대립과 반목을 하게 된다. 국민은 이러한 여야당 간의 대립과 반목 속에서 어느 한쪽의 편에 서기보다는 이들의 갈등이 정치판 자체를 마비시키지 않도록 하여야 한다. 왜냐하면 보통사람들은 자신들의 지지 정당이 권력을 독점하기보다는 다른 정당들과의 타협과 협상을 통해 원만하게 국가 정책을 결정하고 실행해 나가길 원하기 때문이다. 만약 이들 사이의 감정적 대립이 국가 이익을 위협한다고 판단될 때에는 여론과 투표로 이들의 행위를 통제하여야 한다.

3) 정부의 무능

무능한 정부를 비판하는 것은 다른 민주주의 국가에서도 흔히 찾아볼 수 있는 현상이다. 특히 민주화의 역사가 짧은 대부분의 신생 민주주의 국가에서 빈번한 정부의 변동을 경험하는데 이는 무능한 정부와 여당이 국민의 기대와 요구를 충족할 수 없어서 생기는 결과이다. 국가가 해결해야 할 경제발전, 복지확대 등의 여러 문제를 해결하지 못했기 때문에 국민이 그에 대한 심판을 한 것이다. 하지만 과연 이

것이 그 특정 정부의 무능 때문인가, 아니면 민주주의 정부의 한계 때문인가 또는 국민의 지나친 기대 때문인가는 따져 볼 필요가 있다. 개별 정부별로 정책의 효율성과 효과성, 지도자의 지도력 등의 차이는 있을 수밖에 없지만 거의 모든 정부와 여당이 재집권에 실패한다는 것은 권력이 제한되어 있는 민주정부의 본질에서 정부의 무능이나 실패가 비롯된다는 것을 보여준다고 하겠다.

민주정부가 할 수 있는 것은 많지 않다. 권력의 남용을 막기 위해 삼권분립 등으로 권력의 기능을 나누고, 개인의 자유와 기본권을 보호하기 위해 권력의 범위를 제한하였기 때문에 권위주의나 독재체제하에서 볼 수 있는 권력의 효율성이나 효과성을 갖추기가 쉽지 않다. 민주주의 이론가들이 이러한 정부의 무능에도 불구하고 민주정부를 더 선호하는 이유는 무능하지만 민주적인 정부는 적어도 국민의 요구와 기대를 수용하려고 하기 때문에, 유능한 독재정부보다 더 낫다고 생각하기 때문이다.

이와 더불어 민주화로 인해 국민의 정부에 대한 기대나 요구가 높아진 상태에서 이들을 충족시키기는 더 어려워질 수밖에 없다. 미국의 근대화 이론가인 헌팅턴(Samuel Huntington)은 2차 대전 후 대부분의 신생독립국가에서 민주주의가 실패한 원인으로 국민의 기대와 이를 만족시킬 수 있는 국가의

능력 간의 괴리를 들었다. 참여의 폭발로 국민의 기대와 요구
는 높아지는데 정부는 이런 요구를 만족시킬 제도적 여건 등
을 갖추지 못한 것이다. 그렇기 때문에 정부 권력의 범위가
제한된 민주주의는 정부에 대한 국민의 기대와 요구가 작아
야 성공할 수 있다.

4) 국민들의 비현실적 기대

정부가 국민들의 요구를 충족시키지 못하는 것은 민
주주의 제도로 인한 정부의 한계 이외에도, 국민의 요구 자
체가 충족이 불가능한 요구이기 때문일 수 있다. 먼저 국민
들의 요구는 다양할 뿐 아니라 모순된 요구이기 쉽다. 정부
로서는 복지의 증진과 감세와 같이 서로 모순되는 국민의 요
구를 동시에 해결해줄 수 없다. 성장과 분배 역시 본질상 함
께 추진되기 어렵고 특히나 신생 민주주의 국가에서 동시에
해결할 수 있는 요구는 아니다. 즉 국민이 모순된 요구를 하
기 때문에 정부가 이를 충족시키지 못한다는 것이다. 둘째
국민들이 요구하는 돈이나 권력, 명예는 사실 그러한 가치의
본질상 일부에게만 그 혜택이 주어지는 것이다. 이는 정치나
경제에서 희소성 있는 자원 배분이 가진 본질적인 문제이다.

경제에서 자원은 무한정 공급되는 것이 아니기에 희소성이 있을 수밖에 없다. 이러한 희소성이 있는 자원이 수요공급을 조절하는 시장을 통해 배분되는 것이 경제라면, 희소성이 있는 자원을 국가권력에 의해 권위적으로 배분하는 것이 정치다. 이러한 자원의 특성상 모든 사람에게 동일하게 배분될 수는 없는 것이고 당연히 일부에게만 배분되는 것이 필연적이다. 희소성이 있는 자원들, 돈, 명예, 권력이 모두에게 분배되기를 원한다는 것은 비현실적인 요구이다. 이런 가치가 모두에게 분배되면 그것은 결국 가치의 배분이 이루어지지 않은 것과 같다. 누구나 감투를 쓴다면, 그 감투의 값어치는 없어지는 것이다.

문제가 되는 것은 민주주의가 되면서 이러한 희소성 있는 자원에 대한 국민들의 비현실적인 요구와 기대는 점차 더 커지는 반면 국민들은 자신들의 요구가 충족될 수 없는 요구라는 것은 생각하지 않는다는 것이다. 당연히 국민들의 기대와 요구를 충족시킬 수 없는 정부는 국민의 심판을 받고 퇴진하게 된다.

이러한 국민들의 비현실적인 기대와 요구는 이 세상의 어떤 정부라도 만족시킬 수 없는 기대와 요구일 가능성이 크다. 그나마 민주주의 정부는 국민들의 기대와 요구가 실현가능성이 없다 하더라도 이를 충족시키고자 노력한다. 즉 소득

배분이 가능한 평등하게 이루어지게 하려 하고, 권력이나 명예, 돈 등도 가능한 한 많은 사람에게 돌아가게끔 하려 한다. 아무리 무능한 정부하에서의 소득배분도 사우디아라비아와 같은 부유한 왕조 국가에서의 소득배분보다는 평등할 것이다.

국민이 바뀌어야 한다

제7장

국민이 바뀌어야 한다

인류역사는 말할 것도 없고 우리나라 건국 이후의 역사만 보더라도 우리가 사회적으로, 또 경제적으로 발전할 수 있었던 것은 현실적이며 실용적인 지식들에 힘입었기 때문이라는 것을 알 수 있다. 우리의 발전에 과학적 지식이 중요했던 것은 말할 필요도 없지만 보다 더 중요했던 것은 이러한 지식의 실천이었다. 한국정치의 발전 또한 마찬가지이다. 한국정치가 발전하기 위해서는 먼저 왜 어떻게 변화해야 하는가 하는 과학적 지식을 습득하는 것이 필요하다. 그 다음으로 사회경제적 발전과정에서 지식의 실천이 중요했듯이 한국정치의 발전에 있어서도 이렇게 습득한 과학적 지식을 국민들이 실천하는 것이 무엇보다 중요하다.

지금까지 우리는 한국정치의 위기를 해결하기 위해 개선해야 할 과제로 우리나라 사람들의 지나치게 높은 불신감, 습관적이며 감정적인 지역주의와 소모적인 이념갈등에 대해 논의하였다.

여기서 주의해야 할 것은 불신감, 지역주의, 이념갈등이 무조건적으로 나쁘다는 태도를 가져서는 안 된다는 것이다. 사실 앞에서도 논의되었지만 정치인의 행위를 감시하고 견제하기 위해 정치적인 불신감은 필요한 것이다. 지역주의나 이념갈등 또한 그동안 한국정치에 잠재되어 왔던 영남지역 출신 지도자에 의한 권력독점문제나 금기시되어 논의조차 되지 않았던 남북화해의 문제를 이슈화하는 등의 순기능을 담당했다. 문제가 되는 것은 이러한 불신감, 지역주의, 이념갈등이 한국정치문화의 특성이 되었거나 그렇게 되어가고 있다는 것이다.

그렇다면 한국정치문화의 특성으로서의 지나치게 높은 불신감, 비합리적인 감정적 지역주의, 소모적 이념갈등을 적정 수준으로 줄여나가기 위해서 어떤 자세와 각오로 무엇을 해야 할 것인가가 문제다. 한국정치를 바꾸기 위해 우리 국민들은 다음과 같은 점을 인식하고 개혁을 위한 과제를 수행하여야 할 것이다.

1. 국민의 자각이 시급하다

먼저 한국정치의 문제점이 무엇인지, 왜 그것이 문제인가를 알아야 한다. 또한 한국정치의 문제점을 가져온 인과적 원인이 우리들 자신에게 있다는 것을 인식하고 개혁을 해야 할 때가 바로 지금이라는 사실을 인식해야 한다.

좀 더 나은 정치를 이루기 위해서 가장 중요한 것은 우리 국민들이 변화가 필요하다는 사실을 깨닫는 것이다. 그러기 위해서는 우리 국민들이 자신들의 지나치게 높은 정치적인 불신감, 비합리적인 지역주의, 소모적인 이념갈등의 결과로 우리 정치의 문제점인 정치인의 낮은 자질, 정당 간의 지나친 대립과 갈등, 정부의 무능이 초래되었다는 사실을 알아야 하고, 이를 고치기 위해서는 국민이 변해야 한다는 사실을 자각해야 한다. 우리들이 왜, 그리고 어떻게 변해야 하는가를 깨닫는 데 직관이나 감정은 큰 도움이 되지 못한다. 필요한 것은 문제가 왜 발생하고 어떻게 해결될 수 있는가를 설명하는 과학적 지식이다.

또 하나 우리가 깨달아야 할 점은 개혁을 할 때가 바로 지금이라는 것이다. 개혁이란 그 특성상 장기적으로 이루어지는 것인데, 왜 그것을 바로 지금 시작해야 하는가에 대한 의문이 생길 수 있다. 물론 지금이 한국정치의 위기상황이란 점은 인정하더라도 따지고 보면 위기상황이 아니라고 할 만한 때는 거의 없었지 않았던가?

개혁을 지금 바로 해야 하는 이유는 더 이상 기다렸다가는 개혁의 기회를 잃을 위험이 있기 때문이다. 그러한 신호가 이미 여러 방면에서 보이고 있다. 앞서 6장에서 설명되었듯이 한국은 민주주의 국가이고, 민주주의 국가로서의 사회경제적 요건은 갖추었다고 할 수 있다. 경제자유지수, 지니계수, 참정권 및 시민권 지수 등은 한국 상황이 그만하면 아직 괜찮다는 것을 보여준다. 사실 우리나라 사람들의 70% 이상이 개인의 생활에서 행복을 느끼고 있다고 할 정도로 정치면을 제외하면 그리 큰 문제가 있는 것은 아니다.

그러나 우리가 주목해야 할 것은 이러한 지표가 현재 하강 추세에 있다는 점이다.

경제자유지수의 경우 1995년에 비해 청렴도나 노동자유도 등이 상당히 퇴보하였다. 지니계수의 경우, 2009년의 0.314에 비해 2013년도에는 0.302로 소득불평등이 다소 감소되었다고 하나 통계청이 금융감독원 및 한국은행과 공동으로 내놓은 '2014년 가계금융·복지조사 결과'에 의하면 우리나라의 소득불평등은 실제로는 상당히 높은 상태라고 한다. 기존의 가계동향이 아니라 가계금융·복지조사를 바탕으로 새로

산출된 지니계수는 OECD 34개국 중 6번째로 높은 수치라는 것이다. 프리덤하우스 지수 역시 2005년 이후 계속 1이었던 참정권이 2로 퇴보한 상태다. 한국의 국가경쟁력 역시 많이 하락하였다. 2014년 세계경제포럼의 국가경쟁력 평가에서 한국은 전체 144개국 중 종합순위 26위를 차지했다. 2007년의 11위에 비교하면 국가경쟁력이 크게 하락한 셈이다. 스위스의 국제경영개발연구원이 발표한 한국의 국가경쟁력 순위 또한 분석대상 60개국 중 26위였다. 이러한 국가경쟁력 후퇴의 원인은 국가경쟁력 순위를 결정하는 주요 4개 부문에서 경제 성과와 인프라 분야는 예년 수준을 지켰으나 정부 효율성과 기업 효율성 분야가 추락했기 때문이다.

이러한 지표들의 악화 상황을 보면 앞으로 상황이 더 나빠질 가능성 또한 생각해야 한다. 특히 문제가 되는 것은 국내 또는 국제적 원인으로 우리 사회에 사회경제적 위기가 닥쳤을 때 불능상태에 빠진 정부가 과연 효율적, 효과적으로 이 위기에 대처할 수 있는가 하는 문제이다. 위기에 적절히 대처하지 못할 경우 위기가 심화되고 장기적으로는 국가의 쇠퇴원인이 될 수 있다는 것을 우리는 항상 염두에 두어야 할 것이다. 그렇기 때문에 바로 지금 개혁이 이루어져야 한다는 것이다. 하락세가 처음에는 천천히 일어난다 하더라도, 이를 방치하면 곧 걷잡을 수 없게 되어 결국 국가의 쇠퇴가 일어나게 되는 법이다. 그렇게 되면 한국은 실제 정치 삼류국가가 되어버리는 것이다.

2. 개혁의 주체는 국민이다

우리가 다음으로 인식하여야 할 것은 정치개혁의 주체가 바로 우리들 국민이라는 것이다. 민주주의하에서 개혁은 반드시 국민의 자발적 변화에 의해 이루어져야 한다. 국민이 원하지 않는 정치개혁이란 있을 수도 없고 있어서도 안되는 일이다. 우리가 원하는 것은 정치개혁을 통해 좀 더 나은 민주주의를 이루려 하는 것이다. 민주주의에서는 국민이 주인이기 때문에 민주주의가 제대로 이루어지는 것을 방해하는 우리의 여러 문제점을 고치는 개혁에서도 국민이 주인이어야 한다. 즉 우리의 불신감, 지역주의, 그리고 이념갈등을 줄여나가는 주체는 국민이 되어야 한다는 것이다. 하지만 구태여 국민들이 나서서 이러한 개혁을 해야 할 필요가 있을까? 국민들에게 늘 지지를 호소하고 때로는 경각심도 불러일으켜주고, 무엇보다도 국민들을 위하고 대표해주겠다고 하는 정당, 정치인, 언론, 그리고 시민단체에게 이러한 개혁의 과제를 맡기지 못하는 이유는 무엇인가?

우리가 정당이나 기타 단체에 개혁의 임무를 위임할 수 없는 이유는 개혁은 눈앞의 이득을 바라보고 하는 것이 아니기 때문이다. 멀리 내다보지 않는 개혁은 할 필요가 없는 것이다. 그런데 정당, 정치인들은 그 특성상 현재의 지지층을 저버릴 수 없다. 만약 정당과 정치인들이 갑자기 변해서 단기적으로는 불리하지만 장기적으로 유리한 목표를 추구한다고 해보자. 이들이 국민들이 당장 원하는 이익을 채워주지 못한다면 틀림없이 국민들의 단기적 이익을 채워주는 정당이나 정치인이 나타날 것이다. 언론과 시민단체 역시 마찬가지이다. 이들 또한 지지하는 이념 또는 세력이 있는데 괜히 미래를 생각한다고 하다가, 미래를 생각할 기회조차 박탈당하고 싶어 하지는 않을 것이다.

즉 정당, 정치인, 언론, 시민단체 등은 현재의 지지 기반을 외면할 수 없으며, 그렇기 때문에 그들이 제공할 수 있는 것은 사람들이 현재 수용할 수 있는 것에 그칠 뿐이다. 물론 일시적으로 뛰어난 지도자가 등장하거나 정당이 각성을 하여 정치가 바뀔 수는 있다. 그렇지만 정당, 정치인, 언론, 시민단체가 아무리 변해봐야 그들이 궁극적으로 섬겨야 할 국민이 변하지 않으면 별 효과가 없게 되는 것이다.

그렇기 때문에 우리 정치를 획기적으로 발전시킬 수 있는 백기사라고 하는 것은 존재하지 않는다. 개혁을 위해서는 국민들이 우리가 변해야 좋은 정치가 이루어질 수 있다는 의식을 가져야 한다. 다시 말해 개혁의 주체가 국민들 자신이라는 것을 자각하는 것이 무엇보다도 중요하다.

　여기서 강조해야 할 것은 일어나야 할 국민의 변화는 집단으로서의 국민의 변화이지 개개인의 변화를 말하는 것은 아니라는 점이다. 한국정치 위기의 원인으로 지적되는 국민은 공동체로서의 국민이지 개인으로서의 국민이 아니다. 사실 민주주의 국가에서 대부분의 국민들이 여론이나 투표참여에 있어 개인의 이익이나 이념과 무관한 비합리적인 선택을 한다는 사실이 잘 알려져 있다. 대중들이 이렇게 비합리적인 선택을 하는 원인 중 하나는 한 개인의 의견이나 투표가 정치적 결과에 미치는 영향력이 거의 없기 때문이라는 것이다. 만약 한 개인의 선택이 국가의 장래를 결정한다면 그 개인은 반드시 합리적인 선택을 하려 노력할 것이지만 그 선택이 국가나 정치에 아무런 영향력도 미치지 못한다면 개인은 구태여 합리적 선택을 하려고 노력할 필요를 느끼지 못한다. 그렇기 때문에 개개인의 비합리성에 대해 개인으로서는 책임이 없지만 비합리성이 국민이라는 집단으로 확대되었을 때는 정치위기의 원인이 된다.

그렇다면 바뀌어야 할 것은 국민이라는 집단이다. 몇몇 개인만 바뀌어서는 개혁이 이루어질 수 없는 것이다. 그러므로 한국 국민이 우리가 같이 변해야 한다는 공동체 의식을 가져야 한다. 그렇다면 이러한 변화는 어떻게 시작될 수 있는가?

물론 5천만 한국 국민들이 한 번에 자신들을 변화시키는 것은 불가능할 뿐만 아니라, 그런 변화를 일으키려는 시도 자체가, 즉 많은 사람들을 일시에 변화시키려고 시도하는 자체가 더 나쁠 수도 있다. 국민에게 전면적 변화가 일어나지 않는다면, 그 실패와 좌절감에서 오히려 역효과가 생길 수도 있기 때문이다. 그러므로 변화의 불씨가 특정집단에서 일어나 전 국민을 대상으로 확대되는 것이 바람직하다고 볼 수 있다. 지식인들과 같은 특정 집단에서 먼저 변화가 시작되어, 이것이 오랜 시간에 걸쳐 다른 사람들에게로 점차 확산되는 것이 가장 가능성 있어 보인다. 어쩌면 이것이 바로 오늘날 지식인의 사회에 대한 책임일 수도 있다.

3. 정치개혁의 과제는 무엇인가

그러면 우리가 실제 수행해야 하는 개혁의 과제는 과
연 무엇인가?

1) 정치에 대해 무조건적인 불만과 불신은 자제하고 최소한의 권위를 인정해주자

정치에 대한 불신이 극에 달할 때 무정치의 폐해가
일어난다는 것을 우리는 잘 알고 있다. 우리가 정치 때리기
에 열중할수록 현 상황은 더 악화될 것이다. 정치 때리기가
만연할수록 정부와 정당, 정치인의 권위는 땅에 떨어지고,
그로 인해 정당 간의 대립과 반목, 무정치 현상이 발생한다.
그렇게 되면 다시 정당과 정부의 권위가 떨어져서 또 다시
정치 때리기를 하게 되는 현상이 나타나게 된다. 물론 정치
때리기는 정당과 정부가 우리의 기대와 요구를 충족시키지
못하기 때문에 나타난다. 그러나 미운 사람 떡 하나 더 준다
는 말과 같이 더 나은 결과를 위해서는 불만과 불신의 표출
을 조금은 자제할 필요가 있다. 정치적 비판과 비난, 그에

의한 시위와 불복종이 국민의 정당한 정치참여가 아니라는 것은 결코 아니다. 다만 그 결과로 인해 정당과 정부의 권위가 상실되고 무정치의 폐해가 나타난다면 이를 합리적인 정치참여라고 할 수는 없다. 그래서 정치에 대한 지나친 불신과 정치 때리기는 자제할 필요가 있다.

우리가 우려하는 것은 정당과 정부가 담당해야 할 정치적 지도력이 권위의 상실로 제대로 수행되지 못하고 있다는 것이다. 우리가 비난하고 비판하는 정당과 정부는 바로 우리가 선거에서 선택하였다는 점을 잊지 말아야 할 것이다. 다시 말해서 그들은 여러 정당과 후보자들 중에서 우리가 가장 지지한 정당과 후보자이며, 그렇기 때문에 정부와 국회에서 정책을 결정하고 집행할 수 있는 권력의 정당성을 가지고 있다는 것이다.

정치인들에게 최소한의 권위를 인정해주기 위해서는 정치에 대해 습관적으로 불신하거나 비판하는 것을 삼가야 한다. 정치 불신이 증폭되는 것을 막기 위해 일단 필요한 것은 객관적 사실에 집중하는 것이다. 오늘날 정치 불신의 증폭에는 SNS나 인터넷 커뮤니티, 종편채널의 정치평론 등의 역할이 크다고 할 수 있다. 특정 사건에 대한 팩트보다는 그에 대한 해석, 재해석이 더 널리 퍼지고 있다. 물론 편파성에서 자유롭지는 않겠지만 적어도 팩트에 대해 상세한 보도를 하는 신문이나 TV 등으로 사실을 확인하고, SNS나 인터넷 커뮤니티, 정치평론 프로그램은 한 번 걸러서 듣고 보도록 하자. 유명교수나 작가 등 인기인의 트위터도 너무 신봉하지 말도록 하자. 평소에는 정치에 대해서 어느 정도 거리를 두었다가 선거 때가 되면 정당과 정부의 정책과 업적을 기준으로 평가하여 선택하도록 하자.

그러기 위해서는 먼저 자신의 생활에 직접 영향을 미치지 않는 정책에 대해서는 무감정하거나 무관심한 태도를 보일 필요가 있다. NLL이나 국정원 선거개입과 같은 사건들이 사소한 사건들은 아니지만 국민 대부분이 선거에서 가장 중요한 이슈라고 생각할 만큼 국민 생활에 직접 영향을 주는 사건들도 아니다. 양극화나 비정규직 노동자의 권익 등과 같이 우리 현실에 직접적인 영향을 미치는 이슈는 선거에서 공론화조차 되지 않았다. 그 원인은 바로 국민에게 있다.

정치에 대해서 지금보다 무관심하거나 무감정해지자고 해서 아무 것도 하지 말자는 것은 결코 아니다. 지금보다 좀 더 현명하게 정당과 정부에 대한 지지 또는 반대를 하자는 것이다. 먼저 선거에서 정당과 후보자를 선택할 때 지역과 이념에 따라 습관적으로 선택하지 말고 그때까지의 정책결정과 집행을 담당한 정당과 정부의 업적을 객관적으로 평가하여 선택을 하여야 한다. 대통령 선거, 국회의원 선거, 지방

자치단체 선거와 같은 전국적 선거는 1~2년 만에 한 번씩 시행되고, 6개월마다 보궐선거가 시행되기 때문에 국민의 의사가 국가 정책으로 전이될 기회는 충분하다. 또 거의 매일 언론에 보도되는 정당과 정부의 지지도도 국민의사를 전달하는 역할을 담당한다. 문제는 국민들이 이들에 대한 지지를 어떻게 결정하느냐에 달려 있다.

2) 지역에 의한 습관적 정당일체감은 버리고 선거에서 현명한 투표를 하자

특정정당을 좋아하는 것과 싫어하는 것이 정당일체감이라고 한다면 이러한 정당일체감 자체가 나쁘다고 할 수는 없다. 문제가 되는 것은 바로 이념이나 이익과 관계가 없는, 지역에 의해 결정되는 정당일체감이다. 직업이나 세대 등과 같은 이념이나 이익에 의해서 갖게 되는 정당일체감은 결코 나쁘다고 할 수 없다. 왜냐하면 정치에 많은 시간과 노력을 할애할 수 없는 보통 사람들에게 있어서는 정당일체감이란 정치적 의견이나 행태를 결정하는 데 매우 효율적인 수단이 되기 때문이다. 하지만 우리나라의 정당일체감에 가장 큰 영향을 미치는 것은 지역인데 이는 이념과 이익과는 아무런 인과관계를 가지지 않는다. 사실 영남인과 호남인이 자신들의 지역정당을 지지하는 것은 그들이 보수적이거나 진보적이어서도 아니고, 영남지역의 발전을 위하거나 또는 호남지역의 발전을 위해서도 아니다.

정당일체감을 가지는 사람들 대부분은 자신들이 가진 정당일체감이 지역에 의해 결정된 것이라고는 생각하지 않는다. 실제로 정당과 후보자를 평가할 때 지역을 고려한다는 사람들은 5%도 되지 않는다. 그러나 정당일체감을 통계적으로 분석해보면 정당지지에 가장 큰 영향을 미치는 것은 두말할 필요 없이 지역이다.

자신의 정당일체감이 과연 지역에 의한 것인가를 알아볼 수 있는 간단한 방법이 있다. 영남인과 호남인은 물론 경기, 충청인들도 먼저 자신이 호남인과 영남인 중 누구를 더 좋아하는가 생각해 본다. 만약 자신이 어느 한 쪽을 더 좋아하거나 싫어하고, 또 그쪽의 정당을 지지한다면 자신의 정당일체감이 지역에 의해서 결정되었을 가능성이 크다. 그 다음으로 자신의 이익이나 이념과 자신의 지지정당과의 관계를 살핀다. 만약 자신의 이익이나 이념이 지지정당과 큰 관계가 없다면 그 정당일체감은 지역에 의한 정당일체감이라고 볼 수 있다.

정당일체감을 갖는 사람들은 무조건적으로 특정정당이나

후보자를 지지하거나 반대하는 경향을 가지고 있다. 물론 이들은 이러한 정당이나 후보자의 정책이나 자질을 자기가 좋아하거나 싫어하기 때문에 지지하거나 반대한다고 생각하고 있지만 사실 그것은 정당일체감에 의한 것일 가능성이 매우 높다. 이러한 정당일체감에 의한 투표로는 정치인들의 자질을 높일 수도 없다. 왜냐하면 자신이 지지하는 정당의 후보자는 도덕성과 전문성이 높다고 생각하지만, 그것은 객관적인 기준에 의한 평가가 아니라 주관적인 정당일체감에 의한 평가이기 때문이다.

개인이 정당일체감에 따라 자신이 지지하는 정당이나 후보자에 꼭 투표해야 하는 것은 아니다. 같은 정당소속의 국회의원들도 사안에 따라 정당의 방침과 무관하게 자유투표를 하는 경우가 있다. 이들이 정당 방침에 따르지 않는 이유는 그들 개인의 신념이나 선거구민의 이익 등에 정당의 방침이 부합하지 않는다고 생각하기 때문이다. 정당일체감을 갖는 국민들에게 있어서도 그들이 선호하는 정당과 후보자의 정책과 이념이 자신들의 이익과 이념에 꼭 부합하는 것은 아니다. 그렇기 때문에 그들을 습관적으로 지지하기보다는 그들이 진정으로 내가 선호하는 후보자이고 정책인가 한 번 더 생각해보아야 한다. 만약 선거에서 만족할 만한 정당이나 후보자가 없다면 좀 더 세심히 구별하여 더 못한 정당과 덜 못한 정당을, 더 못한 후보자와 덜 못한 후보자를 나눌 필요가 있다. 더 못한 정당과 후보자는 표를 주지 않음으로써 처벌하고 덜 못한 정당과 후보자는 표를 줌으로써 보상하여 민주주의의 보상과 처벌이라는 통제기능을 회복하여야 한다. 또 좋아하는 정당이 있다 하여도 그 정책의 내용이나 업적이 다른 정당보다 만족할 수 없다면 투표하지 않음으로서 처벌하여야 한다. 마찬가지로 좋아하는 정당의 후보자라 해도 그 자질이 나쁘면 투표하지 말아야 한다.

이러한 투표의 결과, (1) 지나치게 낮은 자질은 퇴출되고, 덜 낮은 자질은 보상받게 되면, 정당이나 정치인은 당연히 후보자의 자질에 주의를 기울여서 정치인의 자질이 향상될 것이다. (2) 정당에 대해서도 더 못한 정당에 표를 주지 않음으로써 정당으로 하여금 더 나은 정책과 업적을 달성하도록 노력하게 할 수 있을 것이다.

보상과 처벌이라는 민주주의의 통제기능을 회복하기 위한 또 한 가지 방법은 평소에 어느 정당에 대해서도 정당일체감을 가지지 않음으로써 정당을 습관적으로 신봉하지 않는 것이다. 사실 특정정당을 지속적으로 좋아하거나 미워할 이유는 많지 않다. 설사 그들이 특정 개인에게 이익을 주거나 손해를 입힌다 하더라도 그것은 특정 개인을 좋아하거나 싫어해서가 아니다. 그것은 그들이 권력을 획득하기 위해 정책이나 후보자를 통해 표를 극대화하는 과정에서 특정 개인에게 입힌 이익이나 손해에 불과하기 때문이다. 그렇기 때문에 우리는 특정정당을 그렇게 좋아할 필요도 또는 싫어할 필요도 없다. 우리는 정당과 정부를 감정적이나 습관적으로 선택하기보다는 정책이나 업적을 기준으로 합리적으로 선택하여야 하고, 그러한 합리적 선택의 기준으로 중요한 것은 진정으로 우리에게 누가 이익이 되는가 하는 객관적이고 중립적인 평가라는 것이다.

3) 소모적 이념갈등이 아닌 건설적 이념경쟁을 하자

세계 역사는 타협을 허용하지 않는 이념논쟁의 폐해뿐 아니라 이념을 포기했을 때 어떠한 효용이 따르는지도 보여주고 있다. 21세기인 현재에도 이슬람과 기독교 간의 종교갈등은 수많은 생명을 앗아가고 있다. 그러한 현실이 쉽게 해결될 수 없는 것은 그것이 옳고 그름과 선과 악으로 나뉘는 믿음의 대결이기 때문이다. 자본주의와 사회주의의 경쟁과 같이 국민을 누가 더 잘 살게 할 수 있는가 하는 실용적인 측면에서의 경쟁은 지극히 당연하고 필요한 갈등이다. 사회주의의 몰락과 자본주의의 승리로 귀결되었던 냉전의 종말이 가능했던 가장 큰 이유는 자본주의가 사회주의보다 본질적으로 더 옳거나 선하기 때문이 아니라 자본주의를 택하고 있는 서구국가의 경제적 성과가 사회주의를 택하고 있던 동구국가보다 크게 앞섰기 때문이다.

우리 정치에 있어서 북한이나 미국과 같은 외교·안보적 이슈를 중심으로 하는 이념갈등은 서구에서의 국가의 경제개입이나 소수자권리보호에 관한 이념갈등과는 달리 별로 정책적인 효용성을 가지지 못하고 있다. 남북관계나 한미관계는 독립 이후 크게 변화하지 않았고 앞으로 변화할 가능성도 보이지 않는다. 정책으로서의 현실적 효용성을 갖지 못하는 이념갈등은 결국 가치나 사상의 갈등으로 전개될 수밖에 없으며 이는 해결될 수 없는 갈등이 된다. 그렇기 때문에 우리가 해야 하는 것은 정당과 정치권의 소모적인 이념갈등에 부화뇌동하여 비현실적 이념을 기준으로 지지를 결정하는 것이 아니라, 건설적인 이념경쟁에 참여하여 정책의 효율성과 효과성을 기준으로 지지를 결정하는 것이다.

이제 한국의 정치도 가치와 사상의 정치에서 과학과 현실의 정치로, 해결할 수 없는 문제가 아닌 해결할 수 있는 문제를 가장 효율적이고 효과적으로 실천하는 현실주의 노선으로 그 기조를 바꿔야 할 때가 왔다.

4. 정치개혁이지 정치혁명이 아니다

사실 이 책에서 요구하는 것은 큰 변화가 아니다. 원하는 것은 개혁이지 혁명이 아닌 것이다. 우리는 정치판을 새로 짜야한다고는 생각하지 않는다. 사실 정치판을 새로 짜봐야 현재의 정치위기를 가져온 국민의 높은 불신감, 지역주의 및 이념갈등이 바뀌지 않는 한 과거는 답습될 것이다. 개혁의 대상으로 지적된 불신감, 지역주의, 이념갈등은 그것의 정도가 심하기 때문에 정치 발전을 위해서는 줄여야 할 필요가 있다는 것이지 그것을 완전히 없애야 한다든지 본질적으로 나쁜 것이라고 하는 것은 결코 아니다.

단지 한국정치의 위기를 맞아 정치인의 낮은 자질, 여야 간의 지나친 대립과 갈등, 불능정부라는 문제점이 해결되려면 국민이 바뀌어야 하고 특히 높은 불신감, 비합리적 지역주의 및 소모적 이념갈등의 정도가 줄어야 한다는 것이다. 어떻게 보면 태도 변화를 통한 정치개혁의 노력이 없어도 이러한 불신감, 지역주의, 이념갈등은 장기적으로는 줄어들 것이다. 그러나 만약 우리가 지금 변하지 않는다면 현재의 위기는 말할 것도 없고 예상할 수 없는 미래의 위기에 대응할 수 없을 것이다.

우리가 주의해야 할 사항이 하나 있다. 한국정치 위기의 해소를 위해 필요한 것이 큰 변화가 아니기에 우리는 그것이 어렵지 않게 이루어질 것이라 생각하기 쉽다. 그러나 불신감, 지역주의, 이념 등은 사실 쉽게 바뀔 수 있는 것이 아니다. 앞에서 본 것과 같이 이들의 등장 원인, 예를 들어 전쟁과 가난 같은 객관적 상황이 변한다고 해도 이들은 정치적인 태도 중에서 가장 중심적인 정향이기 때문에 한번 형성되면 쉽게 변화하지 않는다. 그렇기 때문에 이러한 정향들을 정치학에서는 문화라고 표현하고 있는 것이다.

이미 자리 잡은 정향을 바꾸는 것은 문화의 변화이며, 문화 변화의 어려움은 경제발전 등 물질적 변화의 어려움과는 비교할 수도 없이 크다. 경제발전이 어느 정도 이루어진 후에 민주화가 실현되는 것이 일반적이지만, 민주화 이후에도 좋은 민주주의의 바탕이 되는 문화적 정향이 바뀌지 않아서, 제도만 있을 뿐 좋은 민주주의가 실현되지 않는 국가들이 많다. 그런 국가들의 예에서 볼 수 있듯이 문화적 정향의 변화는 작은 변화라 하더라도 쉽지 않은 것이다. 특히 우리 의식의 중심적인 정향을 바꾸려고 하면 방어기제가 작용하게 된다. 우리가 소중히 여기는 원칙과 신념을 누가 공격하면 반발심에서 그것을 더 신봉하게 되듯이 불신감, 지역주의, 이념 역시 일단 형성되면, 그것을 바꾸려는 노력에 오히려 반발하여 더 고착되기 쉽다.

그러나 이러한 불신감, 지역주의, 이념이 한국의 정치문화에 아무리 고착되었다 하더라도, 이들은 바꾸기 어려운 것이지 바꾸기 불가능한 것은 아니다. 제아무리 고질적인 습관도 바뀔 수 있고 삶의 중심적인 가치관도 바뀌곤 한다. 단지 이들을 바꾸는 데는 꾸준한 노력이 필요할 뿐이다. 그렇기 때문에 우리 개혁의 과제는 꾸준히 노력하는 자세로 이루어야 한다.

5. 국민은 과연 바뀌고 있는가

역사의 변화를 정확하게 예측하고 그것에 대응하여 우리의 변화를 가져오는 것을 개혁이라고 한다면, 우리의 노력은 역사를 앞당기는 것이지 바꾸는 것은 아닐지 모른다. 실제 그러한 조짐이 조금씩 보이고 있다. 2014년 봄과 여름에 일어난 불행한 사건 사고들을 둘러싸고 인터넷 사이트나 SNS상에 이런 일이 생긴 것은 국민의 탓이라는 글들이 올라오고 있다. 이는 국민들 스스로가 자신들의 태도 변화의 필

요성을 인식하는 것이라 해석될 수 있으므로 희망적인 현상
으로 보인다. 또 하나 희망적이라고 해석할 수 있는 것은
2014년 7월 30일의 재보궐선거 결과이다. 2000년 이후 처음
으로 호남에서 새누리당 후보가 당선된 것이다. 이러한 이변
의 원인이 새정치민주연합의 일시적인 낮은 지지율 때문일
수도 있지만 지역주의 투표를 극복할 수 있다는 가능성을 보
여주었다는 점에서 우리 정치에 있어 분명 긍정적인 신호라
고 할 수 있다. 또 박근혜 정부의 임기 초기를 규정했던 국정
원 선거개입 사건과 NLL 포기 발언에 대한 논란이 여론에
대한 영향력을 점차 상실하고 있다는 점도 이념갈등의 비현
실성을 국민들이 인식해나가는 결과라 볼 수 있겠다. 높은
정치적 불신, 감정적이고 습관적인 지역주의, 선과 악의 소
모적인 이념갈등에 대한 반성과 비판이 국민들 사이에 자발
적으로 제기되고 있다는 것은 이들이 변화될 수 있다는 믿음
을 갖게 한다.

비록 이 책의 목적이 국민의 변화를 통해 정치권의 개혁을
가져오자는 것이지만, 그 과정에서 정치권이 어떤 태도를 취
하여야 할지 간단하게나마 언급할 필요성이 있다. 정치권도
국민의 변화에 반응하여 상응하는 노력을 할 필요가 있음은
두말할 나위도 없다. 새 정치를 주장하는 사람들은 무엇보다
도 우리나라의 고질적인 문제점인 정치인의 낮은 자질, 정당

간의 지나친 대립과 갈등, 무능한 정부를 개선하여 국민의 변화에 대한 기대와 요구를 충족시켜 나가야 할 것이다. 그러기 위해서는 정치권도 도덕성을 회복하고 전문성을 갖추기 위해 노력해야 되며 대립과 반목에 의한 이전투구에서 협력에 의한 상생정치로 변화해야 한다. 무엇보다도 정부와 대통령은 국민과 야당을 정권동반자로 실제적으로 인정하여 소통과 양보를 통해 정책결정과 집행에 관한 수용과 협력을 얻어야 할 것이다. 국민의 합리적 변화가 역사적으로 필연적인 성숙한 민주주의를 앞당기는 것이지만 이에 따른 정당과 정부의 합리적 변화는 그 속도를 더욱 가속시킬 수 있을 것이다. 다시 말해 지역감정이나 이념대립을 이용해 단기적인 권력획득을 기하기보다는 좀 더 장기적으로 상생할 수 있는 정책이나 업적으로 경쟁하여야 할 것이다. 왜냐하면 지금과 같이 질이 낮은 정치가 지속된다면 그야말로 기존 정당이나 정치권의 대부분이 교체되는 새판이 짜일 가능성이 크기 때문이다.

참고문헌

강원택. 2003. 『한국의 선거 정치: 이념, 지역, 세대와 미디어』. 서울: 푸른길.

김만흠. 1997. 『한국정치의 재인식』. 서울: 풀빛.

김진국. 1989. "지역감정의 실상과 그 해소 방안." 한국심리학회 편. 『심리학에서 본 지역감정』. 성원사.

김혜숙. 1989. "지역간 고정관념과 편견의 실상: 세대간 전이가 존재하는가?" 한국심리학회 편. 『심리학에서 본 지역감정』. 성원사.

손호철. 1993. 『전환기의 한국정치』. 창작과 비평사.

이갑윤. 1997. 『한국의 선거와 지역주의』. 서울: 오름.

_____. 2011. 『한국인의 투표행태』. 서울: 후마니타스.

이갑윤·이현우. 2014. 『한국의 정치균열 구조: 지역, 계층, 세대 및 이념』. 서울: 오름.

이현우. 1998. "한국에서의 경제투표." 이남영 편. 『한국의 선거 2』. 푸른길.

정진민. 2008. 『한국의 정당정치와 대통령제 민주주의』. 인간 사랑.

최장집. 1993. 『한국 민주주의 이론』. 한길사.

한국사회학회 편. 1990. 『한국의 지역주의와 지역갈등』. 성원사.

허문구·최윤기·장재홍. 2004. 『경제성장과 지역간 격차』. 산업 연구원.

Almond, Gabriel A., and Sidney Verba. 1963. *The Civic Culture: Political Attitudes and Democracy in Five Nations*. Princeton: Princeton University Press.

Campbell, Angus, Philip E. Converse, Warren E. Miller, and Donald E. Stokes. 1960. *The American Voter*. New York: John Wiley and Sons.

Dahl, Robert. 1971. *Polyarchy: Participation and Opposition*. New Haven: Yale University Press.

Downs, Anthony. 1957. *An Economic Theory of Democracy*. New York: Harper.

Easton, David. 1953. *The Political System: An Inquiry into the State of Political Science*. New York: Knopf.

Festinger, Leon. 1957. *A Theory of Cognitive Dissonance*. Stanford: Stanford University Press.

Glassman, Matthew Eric, and Amber Hope Wilhelm. 2013. *Congressional Careers: Service Tenure and Patterns of Member Service, 1789-2013.* R41545. CRS Report.

Huntington, Samuel P. 1968. *Political Order in Changing Societies.* New Haven: Yale University Press.

Lindblom, Charles E. 1977. *Politics and Markets: The World's Political-Economic Systems.* New York: Basic Books.

Lipset, Seymour M., and Stein Rokkan. 1967. "Cleavage Structures, Party Systems and Voter Alignments: An Introduction." In Lipset and Rokkan (eds.). *Party Systems and Voter Alignments.* New York: Macmillan.

OECD. 2014. *Society at a Glance 2014: OECD Social Indicators.* OECD Publishing.

Office of the North Korea Policy Coordinator, United States Department of State. 1999. *Review of United States Policy Toward North Korea: Findings and Recommendations.*

Putnam, Robert D., Robert Leonardi, and Raffaella Y. Nanetti. 1993. *Making Democracy Work: Civic Traditions in Modern Italy.* Princeton: Princeton University Press.

Rose, Richard. 1980. *Do Parties Make a Difference?* Chatham: Chatham House Publishers.

Sartori, G. 1976. *Parties and Party Systems: A Framework for*

Analysis. Cambridge: Cambridge University Press.

Wilenski, Harold L. 1975. *The Welfare State and Equality*. Berkeley: University of California Press.

■ 기타 자료

리서치앤리서치. 대통령지지도 1993.3~2014.11. Retrieved Nov. 15, 2014, from http://w3.randr.co.kr/include/r_frame. asp?tactionurl=../info2013/infopage.asp

서강대 현대정치연구소. 2007. 대통령선거 국민의식조사.

_____. 2010, 2011, 2012. 사회갈등연구조사.

_____. 2013. 한국국민의식조사.

중앙선거관리위원회. 역대선거정보시스템. www.nec.go.kr/sinfo/ index.html

통계청. 시도별 인구 1966~2010. kosis.kr/statisticsList/statistics List_02List.jsp?vwcd=MT_ATITLE01&parmTabId=M_02 _01_01#SubCont

통계청. 시도별 지역내 총생산 1985~2012. kosis.kr/statisticsList/ statisticsList_02List.jsp?vwcd=MT_ATITLE01&parmTabI d=M_02_01_01#SubCont

한국사회과학데이터센터. 제14대~18대 대통령 선거 국민의식조사 (1992, 1997, 2002, 2007, 2012).

Centers for Disease Control and Prevention. Information on vCJD. Retrieved Oct. 15, 2014 from www.cdc.gov/nci dod/dvrd/vcjd/factsheet_nvcjd.htm

Freedom House. 2014. *Country Ratings and Status, Freedom in the World, 1973-2014 Excel.* Retrieved Oct. 15, 2014, from freedomhouse.org/report-types/freedom-world#. VD3MQ2d_v9V

Heritage Foundation. 2014. *2014 Index of Economic Freedom.* Retrieved Oct. 15, 2014, from www.heritage.org/index/ranking.

OECD. Gini Index Retrieved Oct. 15, 2014, from www.oecd. org/social/inequality.htm

Transparency International. 2013. *The 2013 Corruption Perceptions Index.* Retrieved Oct. 15, 2014, from www. transparency.org/cpi2013/results

World Bank. Gini Index Retrieved Oct. 15, 2014, from data. worldbank.org/indicator/SI.POV.GINI?page=1

World Economic Forum. *The Global Competitiveness Index 2014-2015 Rankings.* Retrieved Oct. 15, 2014, from www3.weforum.org/docs/GCR2014-15/GCR_Rankings _2014-2015.pdf

World Gallup Poll. Trust in National Government for Countries Not Included in OECD's Society at a Glance 2014.

Retrieved Oct. 15, 2014, from www.gallup.com/poll/
world.aspx

衆議院. 議員情報. www.shugiin.go.jp

저자 소개

이갑윤은 서울대학교 정치학과를 졸업하고 미국 예일대학교에서 정치학 박사를 취득한 후, 서강대학교 정치외교학과 교수로 재직하였다. 현재는 서강대학교 명예교수로서 연구소 정치와 지식의 소장을 맡고 있다.

이혜영은 서강대학교 영문학과를 졸업하고 미국 캘리포니아 공대에서 정치학 박사과정을 수료하였다. 현재는 연구소 정치와 지식의 연구실장으로 있다.

정치와 지식 1

국민이 바뀌어야
정치가 산다

인　쇄: 2014년 12월 12일
발　행: 2014년 12월 17일

공저자: 이갑윤·이혜영
발행인: 부성옥

발행처: 도서출판 오름
등록번호: 제2-1548호 (1993. 5. 11)
주　소: 서울특별시 서초구 남부순환로 337가길 70 301호
　　　　(서초동 1420-6)
전　화: (02) 585-9122, 9123 / 팩　스: (02) 584-7952

E-mail: oruem9123@naver.com
URL: http://www.oruem.co.kr

ISBN　978-89-7778-433-8　　03300

* 잘못된 책은 교환해 드립니다.
* 값은 뒤표지에 있습니다.

이 도서의 국립중앙도서관 출판예정도서목록(CIP)은 서지정보유통지원시스템
홈페이지(http://seoji.nl.go.kr)와 국가자료공동목록시스템(http://www.nl.go.
kr/kolisnet)에서 이용하실 수 있습니다. (CIP제어번호: CIP2014036299)